KB049162

다음 세대를 생각하는
인문교양 시리즈

아우름 56

다음 세대를 생각하는
인문교양 시리즈

다정한 인공지능을 만나다

진화학자가 바라본 챗GPT 그 너머의 세상   장대익 지음

샘터

챗GPT 시대의
미래 지도

여러분의 꿈은 무엇인가요? 일류 대학에 입학하여 번듯한 학과를 졸업하고 남들이 선망하는 직장에 취직해서 돈도 많이 벌고 멋지게 인생을 즐기는 것인가요? 좋아요. 우리는 성공적인 인생을 살고 싶어 합니다. 그런데 어떻게 해야 성공적인 삶을 살 수 있을까요?

어떤 성공한 어른이 있다고 해 봅시다. 그분은 다른 어른들과 비교가 안 될 정도로 엄청난 성공을 거두신 분이라고 해 보죠. 그리고 여러분은 그분을 인터뷰하여 그 성공의 비밀을 알아내야만 해요. 그래서 인터뷰를 했더니 이렇게 이야기하시는 거예요. "저는 다른 사람들에 비해 똑똑하게 일을 했던 거 같아요. 선배나 동료들로부터 열심히 배우고 실천하다 보니 뭐든지 깊이 알게 되었어요. 그리고 다른 사람을 늘 배려했던 거 같아요. 남들의 입장에서 늘 생각해 보려 했죠." 만일 여러분이 이런 인터뷰를 실제로 진행했다면 살짝 싱겁다고 느낄 것 같아요. 한마디로 "똑똑했고 따뜻했다"는 이 말이 너무 뻔하게 들릴 테니까요.

그런데 우리 사피엔스가 딱 그 성공한 어른이에요. 생태적으로 보면 인류는 지난 1,000만 년 동안 지구상의 생명체 중에서 가장 성공적인 종이었어요. 600만 년 전쯤에 침팬지와의 공통 조상에서 갈라져 나온 우리 조상들은 전 세계로 뻗어 나갔지요. 특히 30만 년 전쯤에 아프리카에서 탄생한 호모 사피엔스(현생 인류)는 2023년 현재, 가히 지구를 뒤덮고 있어요. '지구의 정복자'라는 표현이 전혀 무색하지 않습니다. 육상 척추동물 중에서 인류와 가축들(소, 돼지, 개, 양 등)이 차지하는 비율이 무려 98%라고 하니까 말이죠.

개체의 수만 많은 것이 아닙니다. 사피엔스는 문명이라는 것을 이룩한 유일한 종으로 진화했습니다. 우리와 계통적으로 가장 가까운 침팬지, 보노보, 오랑우탄, 고릴라, 그리고 각종 원숭이들의 세계(영장류의 세계)에서는 우리 사피엔스 문명과 견줄 만한 것은 그 어디에도 없습니다. 침팬지는 아직도 우리 도움 없이는 아프리카에서 빠져나올 수도 없어요. 그렇다면 다른 동물의 왕국에서도 우리 문명과 비슷한 것이 정말 없을까요?

어떤 분들은 개미를 떠올리실 것 같아요. 여왕개미를 중심으로 마치 하나의 유기체처럼 똘똘 뭉쳐 엄청난 분업을 통해 지하 세계를 '건설'하는 개미의 삶을 아는 분들은 그들에게도 문명이라는 것이 있다고 말하고 싶어 할지 모릅니다. 하지만 개미가 만든 세계는 본능(그들은 페로몬이라는 화학물질로 정교한 커뮤니케이션을 하죠)의 산물이며 기껏해야 자연을 이용하는 정도입니다. 반면 인간이 발명한 문명은 인간의 본능적 행동뿐만 아니라 고도의 학습 및 교육 과정을 거쳐 만들어진 세계이며, 자연을 이용하는 수준을 넘어서 발명을 통해 자연의 제약을 초월해 왔습니다. 다른 동물의 세계에는 뉴턴도, 아인슈타인도, 에디슨도 잡스도 없습니다.

이런 맥락에서 사피엔스의 첫 번째 성공 비밀은 바로 독보적 똑똑함입니다. 최근 대화형 인공지능인 챗GPT가 전 세계 사람들을 놀라게 하고 있습니다. 우리 인류는 이런 도구들을 발명함으로써 지구상에서 가장 똑똑한 종으로 한 단계 더 올라갈 것입니다.

그러나 똑똑함만으로, 유능함만으로 문명을 만들 수 있을까요? 문명은 한 개인의 성취가 아니라 집단이 축적한 기술, 지식, 제도의 총체라고 할 수 있습니다. 따라서 독보적으로 똑똑한 개인이나 집단이라 하더라도 만일 다른 집단을 파괴하거나 포용하지 못한다면 그들과 그들이 만든 모든 것들은 붕괴할 운명에 놓일 것입니다. 그래서 배려하고 협력하고 공감하는 힘, 즉 사회적 지능Social intelligence은 문명의 또 다른 날개라고 할 수 있습니다. 어떤 종이라도 문명을 이룩한 종이라면 그들은 사회적 지능이 남다른 종이여야만 합니다. 지구상 생명체 중에서 유독 인류만이 문명을 진화시킨 종이기에 우리의 사회적 지능도 독보적이라고 할 수 있습니다.

뭔가 이상하다고요? 인간이 가장 잔인하고 폭력적이며 파괴적인 종이라고 배웠다고요? 전혀 그렇지 않습니다. 그것은 가짜 뉴스입니다. 인간과 다른 동물들의 비교 연구에서 공통 결론은 인간이 가장 배려심이 좋고, 친절하며, 협조적이고, 다정한 종이라는 사실입니다. 인간을 문제아요 파괴자로 잘못 생각하게 된 이유는 원시 생태계에 대한 환상과 동물의 세계에 대한 무지 때문입니다. 선하게 태어난 인류가 타락했다고 하는 '고상한 야만인' 개념이나 다른 동물들의 세계가 더 온화하고 따뜻하다는 발상은 근거가 희박한 순진한 오해입니다. 문명이 탄생하고 어느 정도 유지되고 진화했다는 사실은 사피엔스의 사회적 지능이 일정 수준을 넘었다는 증거입니다. 인류는 문명 탄생의 선을 넘은 유일한 종입니다. 즉, 따뜻함은 인류의 두 번째 성공 비밀이었습니다.

이제 우리는 30만 년의 사피엔스 역사라는 '자연 실험'을 통해 중요한 무언가를 배워야만 합니다. 사피엔스의 성공 비밀이 똑똑함과 따뜻함이었다면, 우리는 이 두 역량 모두에 대해 관심을 기울여야 합니다. 똑똑함에만 집착한다면, 따뜻함만을 강조한다면, 성공으로 나아갈 수 없습니다. 아니 그렇게 한쪽으로 치우치면 문명은 붕괴할 수도 있습니다. 새가 좌우의 양 날개로 날 듯이 똑똑함과 따뜻함이 모두 있어야 문명은 계속 진화할 것입니다.

하지만 웬일인지 우리 사회는 따뜻함을, 있으면 좋지만 없어도 되는 장신구처럼 취급해 왔습니다. 특히 인공지능, 블록체인, 뇌공학, 유전공학 같은 첨단 기술들이 급격하게 발전하면서, 문명의 균형추는 급격히 똑똑함 쪽으로 기울어지고 있습니다.

여러분은 왜 열심히 공부하나요? 의미 있고 재미있는 삶을 살아가는 과정에 충실한 것이겠지요. 이러한 일상도 중요하지만, 우리가 어디를 향해 가고 있는지, 우리가 어떻게 이 자리에 있게 되었는지, 그리고 무엇이 성공을 가져다주는지와 같은 큰 그림도 중요합니다. 이런 지도와 나침반을 갖고 있어야만, 여러분 각자가 찍은 좌표를 향해 흔들리지 않고 즐겁게 나아갈 수 있습니다. 챗GPT 시대에 이 책이 여러분의 미래를 향해 나아가는 데 도움을 주는 미래 지도가 되길 바랍니다.

차례

1장.

챗GPT,
인공지능 시대의
서막?

챗GPT가
열어 갈
새로운 미래

○

이제는 검색 기능 외에도 여러분이 질문만
잘하면 거기에 근사한 답을 해 주는 존재가
나타났습니다. 이것이 바로 챗GPT가 열어
갈 미래입니다.

여러분, 안녕하세요? 저는 인간의 본성과 기술의 진화를 연구해 온 진화학자입니다. 최근에는 인공지능이 어떻게 발전하는지, 또 어떻게 발전해야 하는지 많이 생각하고 또 고민하고 있습니다. 그래서 오늘 '챗GPTChatGPT가 앞당긴 미래'라는 주제로 여러분과 이야기를 나누려고 합니다.

혹시 챗GPT에 대해서 들어 보았나요? 챗GPT는 오픈AI가 개발한 초거대 언어 모델로 대화형 인공지능AI 시스템입니다. 인터넷에 있는 엄청나게 많은 데이터를 여러 방식으로 학습한 후, 사용자의 질문에 대한 그럴듯한 답변을 생성하는

- 챗GPT는 미국의 OpenAI사가 2022년 11월에 공개한 대화형 인공지능이다.
  친구에게 문자를 보내듯 질문을 입력하면, 인공지능이 학습된 데이터를
  기반으로 대화하듯 답한다.

지식 생성 장치라고 할 수 있습니다. 챗GPT로 대표되는 생성형 AI는 다양한 형태(텍스트, 오디오, 이미지, 비디오, 코드)로 질문을 던지면, 다양한 형태의 콘텐츠를 자동으로 생성(변형, 정리, 응용, 분석)합니다.

여러분이 이차함수 문제를 풀다가 잘 이해되지 않는 부분이 있다고 합시다. 그럴 때 챗GPT에 질문을 하면, 마치 과외 선생님이 문제 풀이를 도와주는 것처럼 챗GPT가 반응합니다. 또한 여러분이 'get'이라는 영어 동사를 10번 써서 1쪽짜리 영어 에세이를 써내야 하는 과제를 받았다고 하면 챗GPT는 숙제를 대신해 줄 수도 있습니다. 황순원 선생님의 〈소나기〉에 대한 감상문을 〈뉴욕타임스The New York Times〉 기사 스타일로 한글 문장으로 써 줄 수도 있습니다. 엄청나지 않습니까? 이렇게 맞춤형으로 지식을 생성해 주는 시대가 온 것입니다. 다소 갑작스럽게 말입니다. 저처럼 기술의 진화를 연구하는 학자의 입장에서는 생성형 AI의 등장이 무척 흥분될 수밖에 없습니다.

저뿐만 아니라 전 산업계가 챗GPT의 등장으로 난리가 났습니다. 아이폰iPhone의 시리Siri나 아마존Amazon의 알렉사Alexa와는 차원이 다릅니다. 인공지능 비서와는 "오늘 날씨가 어떻게 될 것 같아?", "오늘 일정이 어떻게 돼?" 정도의 질문과 답만 가능했습니다. 하지만 사실 다른 대화는 잘 이루어지지 않았지요.

그런데 챗GPT라는 솔루션은 여러분이 궁금한 것을 물어보면 전 세계에 있는 수많은 정보를 모두 다 조합해 전문가들도 대답하기 힘든 지식을 알려 줍니다. 그뿐이 아닙니다. "십 대 아이가 컴퓨터 앞에서 게임을 열심히 하는 모습을 그려 줘. 그런데 굉장히 초현실적으로 그려 줘"라고 말하거나 텍스트를 입력하면 깜짝 놀랄 만한 일러스트가 탄생합니다. 그걸 보면 '그래픽 디자이너가 앞으로 무슨 일을 해야 하지?'라고 고민될 정도입니다.

'깃허브 코파일럿GitHub Copilot'은 마이크로소프트Microsoft가 만든 코드 생성 인공지능입니다. 그런데 최근 "5년 내에 개발자들이 만드는 코드의 80%가 깃허브 코파일럿 프로그램을 통해 생성될 것"이라는 전망이 나왔습니다. 실제로 깃허브 코파일럿 프로그램은 코딩 작업의 생산성을 10배 정도 높인다고 알려져 있습니다.

앞서 언급한 디자이너나 개발자뿐 아니라 금융 전문가, 교사, 기자, 크리에이터들에게 생성형 AI는 '생산성'을 극대화하는 최신 병기입니다. 의사결정을 해 주고 지식을 생성해 주는 기가 막힌 AI 설루션이 나오면서 기존의 직업들이 큰 위협을 받는 것이지요.

물론 기술의 역사에서 생산성을 높여 주는 도구들은 수도 없이 많이 등장했습니다. 그래서 요즘의 챗GPT 열풍에 벌써 피로감을 호소하는 사람들도 있습니다. 그런데 이 생성형 AI가 큰 변화를 일으킬 변곡점이 될 수 있는 이유는 그것이 전문가들만 쓰는 도구가 아니라는 데 있습니다.

챗GPT는 일상의 언어를 통해 작업을 수행하는 일반인용 도구입니다. 이전 대화 내용도 기억하고 다양한 주제에 대해 맥락이 있는 대답을 제공합니다. 게다가 지속적 학습이 이뤄지기 때문에 정보 업데이트도 가능합니다. 자연스러운 대화와 고급스러운 지식 생성이 가능한(충분하지는 않지만) 최초의 AI 설루션이 출현한 셈입니다.

영화 〈아이언맨Iron Man〉을 보면 인공지능 비서 자비스가 등장하는데요, 토니 스타크가 궁금한 것을 물어보면 답을 주고 복잡한 지시도 척척 해결합니다. 실제 세계에서 그런 비슷한 일이 막 시작됐다고 보면 됩니다.

챗GPT의 등장은 청소년 여러분의 일상에도 영향을 미칠니다. 과제를 받으면 보통 구글이나 네이버에서 검색부터 했을 거예요. 거기서 얻은 자료로 열심히 공부해서 과제를 완성했을 겁니다. 이런 행위가 많이 일어난 시대를 '검색의 시대'라고 합니다. 그런데 이제는 검색의 시대를 넘어 지식이 생성되는 시대가 왔습니다. 검색 기능 외에도 여러분이 질문만 잘하면 거기에 근사한 답을 해 주는 존재가 나타났습니다. 그 존재가 바로 챗GPT이고, 새로운 시대는 챗GPT를 필두로 한 생성형 AI가 열어 갈 것입니다.

그래서 저는 여러분이 인공지능이 어떻게 작동하는지 이해하고, 관련 기술을 잘 활용했으면 합니다. 챗GPT와 같은 생성형 AI를 잘 활용하면, 전교 1등을 하는 똑똑한 친구나 그보다 더 잘 가르쳐 주는 선생님을 바로 곁에 두고 있는 것이나 마찬가지이니까요.

특이점이
올까?

○

2040~2045년 정도면 생명공학, 나노기술, 로봇공학의 발전으로 기계가 모든 인간의 지능을 능가하거나, 적어도 같아지는 지점에 도달하게 될 것이고, 그게 특이점이 될 것이라고 예언했습니다.

챗GPT를 중심으로 말씀드렸지만, 사실 챗GPT만 생각할 게 아니죠. 1장의 제목처럼 '인공지능의 서막'이 열렸습니다. 인공지능에 대한 학문적 연구는 1950년부터 있어 왔지만, 어떤 전문가는 "인공지능은 드디어 시작됐다. 열심히 하면 여기서 새로운 기회를 볼 수 있다"라고 말할 정도로 요 근래 기술의 폭발이 일어나고 있습니다.

이 시점에서 여러분이 생각해 볼 주제가 있습니다. 지금으로부터 10년 혹은 20년 후가 됐을 때 우리 사회는 어떤 구성원들로 가득 차 있을까요? 지금은 물론 순수한 인간들로만 구성되어 있습니다. 하지만 50년 뒤에도 그럴까요?

AI(인공지능)는 지난 60여 년 동안 인간의 지적 능력에 끊임없이 도전장을 내밀었어요. 인간 체스 챔피언을 꺾은 딥 블루Deep Blue, 퀴즈쇼에서 우승한 왓슨Watson 등이 대표적이죠. 2016년 3월, 한국의 이세돌 9단과의 대국에서 승리한 구글 딥마인드의 알파고AlphaGo는 한국은 물론 전 세계에 큰 충격을 주었습니다. 바둑만큼은 AI가 안 될 것이라는 세간의 예측을 보란 듯이 무너뜨렸기 때문이죠. 이 역사적 사건을 계기로 전 세계는 AI의 능력과 활용에 대해 깊은 인상을 받았고, 실제로 불과 10년도 안 되어 우리는 챗GPT와 같은 생성형 AI를 일상에서 사용하기 시작했어요.

그렇다면 AI가 인간의 감정까지 그대로 흉내 낼 수 있다면 세상은 어떻게 변할까요? 〈아이, 로봇I, Robot〉 외에도 〈에이 아이A. I.〉, 〈바이센테니얼 맨Bicentenial Man〉, 그리고 고전적인 〈블레이드 러너Blade Runner〉 같은 SF 영화들은 이미 감정과 의식을 가진 로봇의 탄생을 이야기하고 있습니다. 그 영화 속에서 로봇은 우리 인간과 감정적 교감을 나누는 데 아무런 문제가 없지요. 오히려 여느 인간보다 더 풍부한 감정의 소유자입니다.

로봇 연구의 메카로 알려진 매사추세츠 공과대학교 미디

어랩의 몇몇 실험실은 인간의 언어를 '이해'할 수 있고 인간의 감정을 '읽고' 그것에 맞게 '감정적으로' 대응할 수 있는 새로운 형태의 로봇 만들기에 열중하고 있습니다. 가령 아이들의 수학 문제 풀이를 도와주는 로봇이 있습니다. 이 로봇은 아이에게 문제를 내 주고 풀이 과정을 이해할 수 있도록 도와주죠. 하지만 아이가 계속 틀리거나 막혀도 "땡! 다시 시도해 보세요"라고만 하지 않아요. 대신 "나도 이런 문제가 나오면 너무 화가 나. 잠시 만화 좀 보다가 다시 해 볼까?"라고 말합니다. 그 로봇에게는 아이의 표정을 읽을 수 있는 장치가 부착되어 있어서 그가 화가 났는지, 긴장하고 있는지, 지겨워하는지, 흥미로워하는지에 따라 적절한 반응을 보일 수 있거든요. 이 로봇의 궁극적 목표는 다른 사람의 마음을 읽지 못하는 자폐증 환자를 돕는 것입니다.

감정을 가진 로봇이 등장하는 날은 인간, 동물, 기계가 한 직선 위에 올려지는 역사적 순간이 될 것입니다. 하지만 그때가 되면 로봇은 자신이 부적절한 대우를 받고 있다는 '느낌'까지 갖게 될지 모르죠. 자신이 누구인가를 심각하게 묻는 로봇이 생겨날 수도 있지요. 똑같은 모델로 양산되었다는 사실 앞에 깊은 좌절감을 느끼는 로봇도 있을 것입니다. 〈에

● 우리와 소통하고 교감하는 로봇이 생긴다면 우리는 어떤 고민이 생길까?

이 아이〉의 데이비드가 그랬듯이 말이죠. 그렇게 되면 영화 〈애니매트릭스The Animatrix〉에서처럼 로봇이 자신의 권리를 주장하며 인간과의 공존을 희망할지도 모르겠어요. 그러면 그들에게 선거권을 줘야 할까요? 그들을 위한 노동법을 만들어 줘야 할까요?

이런 질문들은 SF에서나 가능한 것이라고요? 하지만 불과 20~30년 전만 해도 얼마나 많은 사람이 '동물의 권리'라는 단어에 황당함을 느꼈는지를 떠올려 봅시다. 동물의 마음과 행동에 대한 이해가 더 깊어지면서 우리는 이제 그들을 함부로 대하는 것에 대해 죄책감을 느끼게 되었습니다. 길거리에서 동물을 발로 차면 경찰서에 잡혀갑니다. 이런 변화가 우리와 교감하는 동물에 대해서만 일어나리라는 법은 없어요. 우리와 소통하고 교감하는 로봇이 생기면 우리는 틀림없이 훨씬 더 심각한 고민에 빠질 겁니다. 우리 일상 언어로 대화가 가능한 로봇들이 우리의 정서에 더 깊은 영향을 줄 가능성이 높으니까요.

이처럼 미래의 길거리에는 사피엔스sapiens만이 걸어 다니지는 않을 거예요. 물론 그 미래가 50년 후인가 100년 후인가에 대해서는 이견이 있습니다. 틀림없이 거기엔 사피엔스만큼이나 많은 AI 로봇도 걸어 다닐 것입니다. 이 둘뿐일까요? 엄마 배 속에서 그 어떤 유전적 조치도 없이 태어난 순수 인간들(현재의 우리들)은 점점 더 소수가 될지 모릅니다. 대신 유전자 조작으로 유전적으로 강화된 인류가 탄생할 수 있습니다. 그리고 인류는 능력 향상과 수명 연장을 위해 점점 더 사이보그cyborg화될 것이 틀림없습니다. 순수한 사피엔스, 유전적으로 강화된 사피엔스, 사이보그, 그리고 인간을 닮은 로봇(안드로이드)까지. 미래 문명의 주요 구성원은 현재 인류의 다양한 인종보다 훨씬 더 다양해질 가능성이 높습니다.

여러분의 부모님 세대는 이런 말을 하면 두려움이 더 앞설지 모릅니다. 하지만 여러분들은 SNS(소셜네트워크서비스)가 있는 상태에서 이 세상에 나왔고, 태어나자마자 스마트폰을 손에 쥐고 사용했습니다. 그러니 20, 30년 후에 세상이 어떻게 변화할지 더 진지하게 고민해 봐야 합니다.

미래학자 레이 커즈와일Ray Kurzweil은 2005년에 《특이점이 온다》라는 책을 썼습니다. 이 책에서 그는 2040~2045년 정도면 생명공학, 나노기술, 로봇공학의 발전으로 기계가 모든 인간의 지능을 능가하거나, 적어도 같아지는 지점에 도달하게 될 것이고, 그게 특이점Singularity이 될 것이라고 예언했습니다. "인간은 점점 기계처럼 될 것이고, 기계는 점점 인간처럼 될 것"이라며 인간과 기계의 경계가 흐려지리라 전망했지요.

당시 많은 사람이 비웃었습니다. "무슨 소리냐. 아직 날아다니는 자동차도 없는데." 하고 말이지요. 그런데 2016년 알파고가 나와서 이세돌 9단과 바둑 대결을 벌여 4 대 1로 이겼습니다. 그 후로 6~7년밖에 되지 않았는데 대화가 가능한 인공지능인 챗GPT가 나온 것이지요. 그 속도를 보면 앞으로 인공지능이 어떻게 발전해 나갈지 상상만 해도 기대됩니다.

트랜스
휴먼이란

○

트랜스란 뭔가를 넘어선다는 뜻이지요?
인간이 갖고 있는 기본적 한계를 넘어서는
존재가 되었다는 뜻입니다. 이렇듯 과학기
술이 인간 신체와 융합돼 나타나는 신인류
를 '트랜스 휴먼'이라고 말합니다.

앞서 설명했듯 점차 인간과 기계의 경계가 흐려지는 세상이 올 것이고, 우리 인간은 보다 합리적인 의사결정을 위해 또는 사고력의 향상을 위해 인공지능을 다양한 곳에서 활용하게 될 것입니다. 이렇듯 과학기술이 인간 신체와 융합돼 나타나는 신인류를 '트랜스 휴먼'이라고 말합니다.

트랜스$_{trans}$란 뭔가를 넘어선다는 뜻이지요? 인간을 넘어선 존재가 됐다는 것이지요. 그렇다고 하늘을 나는 '슈퍼맨' 같은 존재가 되었다는 뜻은 아닙니다. 인간이 갖고 있는 기본적 한계를 넘어서는 존재가 되었다는 뜻입니다.

● 사이보그는 생물organism과 기계 장치cybernetic의 결합체를 뜻한다.
시계, 안경 등이 사이보그의 시작이다.

19세기 말만 해도 인간의 평균 수명이 40세였습니다. 지금은 평균 수명이 80세 정도고, 여러분은 아마 100세가량 살 수 있을 것입니다. 인간이 신체를 더 인공적으로 교체할 수 있게 되면 그보다 더 오래 살 수 있게 되겠지요.

인간은 분명한 신체적 한계를 가지고 있어요. 머리나 몸을 조금만 써도 지치잖아요. 어렵고 힘든 사람들을 도와주고 싶어도, 힘들고 짜증 나서 어느 순간 그만둘 수밖에 없습니다.

하지만 로봇은 지치지도 않고 짜증을 내지도 않습니다. 물론 지금은 인간이 프로그래밍을 해 줘야 하지만요. 그래서 반려 로봇이 등장하게 될 것입니다.

지금 우리가 쓰고 있는 GPT가 칩의 형태로 인간의 몸에 장착될 수도 있어요. 기계가 몸에 들어간다니까 거부감부터 들지 모릅니다. 하지만 그렇지 않아요. 여러분이 차고 있는 시계, 쓰고 있는 안경, 이런 것들이 모두 실은 사이보그의 시작입니다. 그렇게 하나둘 몸속으로 들어오고, 우리와 하나가 될 것입니다. 그러한 시대를 우리는 지금 바라보고 있는 것입니다. 챗GPT의 등장이 그 시작을 알리고 있는 거고요.

여러분 요즘 공부하기 너무 힘들지요? 여러분이 고3까지 배워야 할 지식을 하나의 칩에 담은 뒤, 그걸 여러분의 뇌에 꽂거나 뇌에 바로 연결할 수 있다고 생각해 보세요. 의학적으로 생각하지 말고, 그냥 단순하게 '장착'된다고 상상해 보세요. 코딩 지식이 필요하겠지요. 그 모든 지식을 다운로드 받을 수 있다면, 얼마나 기가 막힐까요?

인간의 뇌와 인공지능을 연결해 인간 지능을 증강한다니, SF소설에나 등장할 법한 이야기라고요? 인간과 기계의 상호작용이 어떻게 진화했는지를 보면 황당한 얘기만은 아닙니다.

앞서 이야기했듯이, AI와 로봇의 역사를 볼 때 인간을 닮은 기계를 만들려는 인간의 욕망은 꽤 지속될 것 같습니다. 그런데 반대 방향의 욕망도 있어요. 즉, 기계를 닮은 인간, 그러니까 사이보그가 되려는 욕망 말이죠. 사이보그는 짧은 유통기한을 가진 신체의 여러 부분을 그렇지 않은 기계 및 전자 장치로 대체하는 과정에서 생긴 산물입니다.

몇 해 전 저명한 과학 전문지 〈네이처〉는 뇌에 칩을 이식한 20대 척수마비 환자 매슈 네이글Matthew Nagle의 사진을 표지로 올렸습니다. 그는 '뇌-컴퓨터 연결장치BCI'를 개발하는 한 회사로부터 '브레인게이트'라는 칩을 운동 피질에 이식받아 자기 생각을 전자 신호로 다른 컴퓨터에 연결하는 데 성공했습니다. 이렇게 전달된 신호를 통해 그는 손가락 하나 까딱하지 않고도 뭔가를 움직이게 할 수 있습니다. 이 실험은 몇 년 전 원숭이에게 신경칩을 심어 원숭이의 생각만으로도 로봇 팔을 움직이게 하는 실험보다 한 단계 진보한 것이었습니다.

사실, 사이보그는 주로 손, 팔, 다리, 심장, 망막 등 이식이 거의 불가능하다고 판단되는 신체 기관들에 대해 인공 보철

물을 만드는 식으로 진화해 왔습니다. 가령, 심장에 문제가 있는 사람에게 튼튼하고 수명이 긴 인공 심장을 이식함으로써 생명을 연장하는 방식이었습니다. 하지만 최근에는 매슈의 사례에서처럼 뇌의 한 부분에 직접적으로 인공물을 삽입하는 사이보그 연구가 활발히 진행되고 있습니다. 실제로 일론 머스크Elon Musk가 최근에 '뉴럴링크Neuralink'라는 회사를 만들어서 비슷한 작업을 진행하고 있습니다.

여러분도 아마 일론 머스크가 얼마나 괴짜인지는 알고 있을 거예요. 그런데 그가 꿈꿨던 세상이 계속 실현되고 있습니다. 그렇게 되면 교육도 엄청나게 달라질 것입니다. 우선 챗GPT가 그 역할을 해 주고 있잖아요. 잘 활용하기만 하면, 여러분은 세상에서 제일 똑똑한 과외 선생님에게 필요할 때마다 질문할 수 있습니다. 몸에 장착되지 않았을 뿐인 거죠.

그렇게 되면 교육도 맞춤형으로 바뀔 수밖에 없습니다. 각자의 수준에 맞게 교육이 개인화되는 시대가 곧 올 겁니다. 바깥의 도구로 쓰느냐, 몸이나 뇌에 들어가 있느냐의 차이가 있을 뿐이지요. 점점 더 여러분들과 하나가 될 겁니다. 인터페이스 혁명이 도래하는 것이지요.

이제는 더 이상 정보나 지식을 찾는 시대가 아니라, 정보와 지식을 융합하는 능력이 중요한 통찰의 시대, 통섭의 시대가 올 것입니다. 그리고 그것이 바로 여러분들이 준비해야할 시대입니다.

지금까지 챗GPT가 앞당긴 미래를 살펴보았습니다. 이제 인공지능에 더 관심이 생겼나요? 이러한 인공지능 기술이 열어 갈 새로운 미래를 어떻게 준비해야 할지 궁금한가요? 그것에 대해 말하기 전에 우선 우리 인간이 어떻게 살아 왔는지를 이야기해 보려 합니다. 인류에 대한 성찰이 필요해요. 지구상에 있는 생명체 중 어떻게 인간만 문명을 만들게 되었을까요? 이러한 의문을 가지고 다음 장에서는 인류가 살아남을 수 있었던 비결에 대해 살펴보도록 하겠습니다.

2장.

인류 문명은
어떻게
진화했나

문명을 만든
유일한 종,
호모 사피엔스

○

호모 사피엔스는 이 지구상에 있는 여러 다
양한 생명체 중에서 문명을 만든 유일한 종
이라고 할 수 있습니다. 즉 사피엔스의 시
그니처가 '문명'이라 할 수 있는 것입니다.

호모 사피엔스는 이 지구상에 있는 여러 다양한 생명체 중에서 문명을 만든 유일한 종이라고 할 수 있습니다. 즉 사피엔스의 시그니처가 '문명'이라 할 수 있는 것입니다. 여기서 호모 사피엔스만이 정말 그런 문명을 만들었는지, 인간과 가장 유사한 침팬지는 왜 문명을 만들지 못했는지 하는 의문이 생깁니다.

넛 크래킹nut cracking, 그러니까 큰 돌 위에 딱딱한 견과를 올려놓고 돌로 깨서 먹는 것 정도가 침팬지가 갖고 있는 '문명'입니다. 이것만 보아도 우리 인류가 이룬 문명이 얼마나 위대한지 알 수 있습니다. 오직 인간만이 문명을 만들었다는

● 침팬지와 인간은 600만 년 전에 공통 조상에서 갈라져 나왔지만
  인간은 문명을 만들었고 침팬지는 그러지 못했다.

것은 말 그대로 '팩트'라 할 수 있지요.

그렇다면 침팬지와 인간은 어떤 관계이기에, 우리는 문명을 만들었고 침팬지는 문명을 만들지 못했을까요? 영장류의 계보를 보면 침팬지하고 인간은 약 600만 년 전에 공통 조상에서 갈라져 나왔습니다. 많은 사람이 침팬지를 인간의 조상이라고 생각하지만, 사실은 그렇지 않아요. 침팬지는 공통 조상에서 갈라져 나온, 말하자면 사촌들입니다.

도대체 600만 년 동안 무슨 일이 있었기에 한 종은 거대한 문명을 만들었고 다른 종은 그러지 못한 것일까요? 어떻게 호모 사피엔스만이 문명을 만들게 되었을까요?

첫 번째 차이는 바로 뇌의 용량입니다. 침팬지와 인간의 뇌 용량을 한번 비교해 볼까요? 침팬지는 400cc 정도 됩니다. 500cc 맥주잔도 못 채워요. 반면에 인간의 뇌 용량은 1,300~1,500cc 정도 됩니다. 3.5배 정도 차이가 나지요?

무엇 때문에 600만 년 동안 인간과 침팬지 사이에 이러한 뇌 용량의 차이가 생겨난 것일까요? 인간이 더 똑똑했기 때문에? 이에 대한 답은 생각보다 복잡합니다. 왜냐하면 뇌가 커져서 똑똑해진 건지, 똑똑해서 뇌가 커졌는지 잘 알 수가 없거든요. 그리고 어떤 똑똑함인지도 중요하지요. 그런데 예

전의 학자들은 그저 '인간이 침팬지보다 엄청나게 똑똑해지는 과정에서 뇌가 커졌다'라는 식으로만 이야기했습니다.

즉, 인간의 경우 침팬지와 비교했을 때 자연 세계를 이해하고 응용할 수 있는 능력이 훨씬 더 뛰어났기 때문에 뇌가 커지게 되었고, 뇌가 커지니 더 똑똑해지는 상승 작용이 일어났다고 추정할 수 있습니다. 우리는 여기서 말하는 똑똑함을 '생태적 지능'이라고 부를 수 있습니다. '생태적 지능'은 자연 세계를 잘 이해하고 활용할 수 있는 지적 능력이에요. 실제로 우리 인간은 침팬지보다 생태적 지능이 훨씬 뛰어납니다. 이를 달리 표현하면 인간은 과학을 갖고 있고 침팬지는 과학이 없다는 얘기겠죠.

인류의 뇌는
왜 커졌을까?

○

영장류 중에서도 인간이 가장 똑똑하고 뇌
용량이 큰데, 이것이 집단생활을 하는 과
정에서 벌어진 진화 과정의 결과가 아닐까
하고 생각하게 된 것이죠.

        '생태적 지능'은 침팬지와 인간의 차이를 만들었습니다. 그런데 최근 30~40년 동안 연구자들 사이에 '생태적 지능만이 인간과 침팬지를 가르는 중요한 차이일까?' 하는 의문이 생겼고, 그 답을 찾기 위해 영장류의 삶을 들여다보기 시작했습니다.

  영장류는 포유류에 속합니다. 영장류의 특성은 파충류와 비교하면 쉽게 이해할 수 있습니다. 단순하게 설명하면, 파충류는 집단을 이루지 않고 혼자 살지만, 포유류는 집단생활을 합니다. 가족과 함께 살아요. 그리고 영장류는 포유류 중에서도 집단을 이루는 무리가 큽니다. 쉽게 말해, 가족뿐 아니라 친구, 동료와 같이 삽니다. 원숭이보다는 침팬지가, 침팬지보다는 인간이 집단의 크기가 크고 관계가 더 복잡하지요.

학자들은 이러한 집단생활에 주목했습니다. 영장류 중에서도 인간이 가장 똑똑하고 뇌 용량이 큰데, 이것이 집단생활을 하는 과정에서 벌어진 진화의 결과가 아닐까 하고 생각하게 된 것이죠.

여러분도 알다시피, 집단생활은 늘 도전이잖아요. 혼자 살면 안 되느냐고요? 혼자 살면 모든 일을 혼자서 다 처리해야 합니다. 하지만 집단생활을 하면 훨씬 큰 파이를 얻습니다. 물론 거기에는 나름의 대가, 비용이 따릅니다. 누군가 삐치면 가서 달래 줘야 하고, 배신자가 있으면 처벌해야 합니다. 이렇듯 힘이 들지만, 그 장점이 더 컸기 때문에 집단생활로 진화했다고 볼 수 있어요.

그래서 영장류학자와 뇌과학자가 함께 협력해 재미있는 연구를 했습니다. 영장류 중 원숭이, 침팬지, 인간을 대상으로 뇌의 용량과 무리의 크기를 비교한 것입니다. 두개골을 열면 쭈글쭈글한 부분이 나오는데, 이를 '신피질'이라고 합니다. 말 그대로 '새로운 피질'이라는 뜻으로, 대뇌 바깥층을

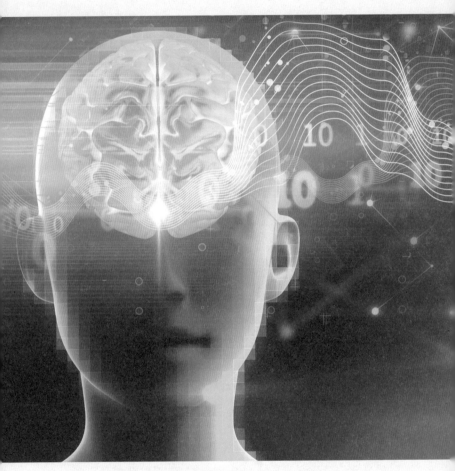

● 집단의 크기와 뇌 용량에는 어떤 관계가 있을까?

구성하는 피질 중 가장 마지막으로 진화한 부위입니다.

신피질은 운동 명령과 오감, 인지, 공간 추론, 언어 같은 고도의 정신 작용을 맡고 있는 피질에서 가장 큰 부위로, 여섯 개의 세포층으로 이뤄져 있습니다. 이 신피질이 뇌에서 어느 정도 비율을 차지하는가를 '신피질 비'(뇌 전체 부피에서 신피질 부피를 뺀 값으로 신피질 부피를 나눈 값)라고 합니다.

이들 연구팀은 종의 집단 크기와 신피질 비 사이에 상관관계가 있음을 밝혀냈습니다. 유지해야 하는 집단의 크기가 크면 클수록 신피질도 두껍다는 거지요. 침팬지는 50마리 정도의 개체가 한 집단입니다. 사람의 경우는 150명 정도가 한 집단을 이룬다고 합니다.

너무 작은 것 아니냐고요? 이들은 인간 집단의 크기를 분석하기 위해 다양한 방법을 동원했습니다. 가령 로마 시대의 한 교구에 몇 명이 살았는지를 조사하는가 하면, 현존하는 원시 부족을 찾아가 몇 명 정도가 한 마을에서 군락을 이루고 사는지 조사했습니다. 그랬더니 150명을 넘지 않았다고 합니다. 이는 침팬지가 유지할 수 있는 집단 크기의 약 3배에 해당하는 수입니다.

흥미로운 연구 결과 아닌가요? 현대 사회를 생각하면 집단의 크기가 무척 클 것처럼 보이지만 실제로는 그렇지 않습니다. 인간은 침팬지보다 3배가량 큰 뇌 용량으로 3배 정도 많은 집단 속에 살고 있고요.

즉, 집단의 크기가 커지면서 생기는 비용을 뇌가 해결했다는 것이지요. 다른 사람의 마음을 읽고 의도를 파악하고 집단을 이루어 서로 협력하는 것들이 뇌 용량을 키우게 된 중요한 동인이었다는 뜻이기도 합니다. 하지만 뇌 용량이 증가해서 집단 규모가 커진 것인지, 집단 규모가 커져서 뇌 용량이 증가했는지 그 명확한 인과 관계는 아직 정확히 밝혀지지 않았습니다.

한 사람이
맺을 수 있는
사회적 관계의
최대치

○

한 사람이 맺을 수 있는 사회적 관계의 최
대치인 150을 '던바의 수'라고 부릅니다.

인간관계에서는 150이라는 숫자를 기억하세요. 무척 중요한 숫자입니다. 인간이라는 종이 자연적으로 집단을 이루고 살 수 있는 최대 개체 수를 의미하니까요. 한 사람이 맺을 수 있는 사회적 관계의 최대치인 150을 우리는 이 연구를 진행했던 옥스퍼드 대학교 진화인류학자 로빈 던바Robin Dunbar 교수의 이름을 따서 '던바의 수Dunbar's number'라고 부릅니다.

이 150명 중에서 '완전 절친'이라고 부를 수 있는 사람의 수는 5명 정도입니다. 내 비밀을 무덤까지 갖고 갈 수 있는 사람을 뜻합니다. 그다음 '절친' 그룹은 5명의 3배에 해당하

• 살면서 '친구'라고 부를 수 있는 사람은 몇 명이나 될까?

는 15명입니다. 베스트 프렌드가 15명이라는 이야기지요. 그
것의 약 2배인 35명은 '좋은 친구' 그룹입니다. 그리고 그다
음 150명이 바로 '친구'로 부르는 범위의 최대치라 할 수 있
는 것이지요.

우리는 친구가 되게 많을 것처럼 생각하지만 실은 그렇지
않습니다. 친구란 정성과 시간, 돈을 들여서 관리해야 하는
대상이잖아요. 계속 그 관계를 유지하려면 에너지와 비용이
듭니다. 그런 친구가 150명이라고 하는 것이지요.

쉽게 이야기하면 청첩장을 돌릴 때 고민하지 않고 보낼 수

있는 최대 수가 150명이라는 것입니다. 아무리 대인 관계가 좋은 사람이라도 150명을 넘기는 어렵습니다. 여러분에게는 먼 얘기겠지만, '먼 훗날 내가 죽었을 때 이 친구가 살아 있다면 분명히 내 장례식에 와 줄 거야' 하는 사람의 수가 150명인 것이지요.

관계에 대한 착각의 시작은 SNS상의 친구의 수를 진짜 친구의 수로 아는 것입니다. SNS 친구가 진짜 친구일까요? 댓글을 달고 '좋아요' 누른다고 해서 친구는 아니잖아요. 엄밀히 말하면 이들은 '아는 사람' 혹은 '알 것 같은 사람'에 해당할 겁니다.

150명 이상의 관계는 인간의 뇌 용량으로는 감당할 수 없습니다. 인간은 무한히 친구를 만들 수 없습니다. 현대인은 다양한 사회생활을 하므로 복잡한 관계를 맺어서 많은 친구를 두었다고 생각하지만, 실제 친구로 관계를 맺을 수 있는 집단 크기는 변함이 없습니다. 150명을 넘어 500명, 1,000명을 친구로 두면 우리 뇌는 감당하지 못할 수밖에 없어요.

사람들이
혼밥을 하는
이유

○

뇌는 수렵채집기에 맞춰져 있는데 관계가
너무 많으니, 현대인은 피곤할 수밖에 없
습니다. 그래서 밥이라도 혼자 먹고 싶은
겁니다.

요즘 혼자 밥을 먹고 혼자 술을 마시는 것을 나쁘거나 낯설게 바라보는 사람은 거의 없습니다. 드라마나 영화, 그리고 우리 주변에서도 흔히 볼 수 있는 풍경이지요.

그런데 여기서 질문을 하나 던지고 싶어요. 사람들은 왜 '혼술'과 '혼밥'을 하는 걸까요? 외로워서 그러는 걸까요? 아니면 관계에 지쳐서 그러는 걸까요? 저는 관계에 지쳐 있을 확률이 높다고 생각합니다. 여러분은 어떤가요? 사실 어른이 되어서 사회생활을 하다 보면 모임들이 너무 많아요. 가깝게는 친구부터 직장 동료, 초·중·고 동창에 대학 동창,

● 관계에 지친 이들은 혼자 밥을 먹으며 충전할 시간이 필요하다.

각종 취미 모임에서 만난 사람들까지.

그런데 수렵채집기나 농경기에는 아침에 일어나서 잠들 때까지 새로운 사람을 만날 일이 거의 없어요. 맨날 그 사람이 그 사람이에요. 새로운 사람이 들어왔다? 그날은 잔칫날입니다. 왜냐하면 새로운 사람이 왔으니까요.

학교에도 여러 동아리가 있지요? 대학에 가고 직장에 들어가면 하루에도 여러 명씩 새로운 사람을 만나게 될 거예요. 게다가 요즘은 매우 많은 사회적 채널들이 생겼습니다. 앞서 말한 사회적 관계의 최대 수인 150명보다 훨씬 많은 사람을 만나요.

그런데 우리의 뇌는 수렵채집하던 시절에 적응되어 있습니다. 왜냐하면 수렵채집하는 기간이 우리 인류의 진화사에서 99.9%에 해당하는 기간이기 때문이지요. 뇌는 수렵채집기에 맞춰져 있는데 관계가 너무 많으니, 현대인은 피곤할 수밖에 없습니다. 그래서 밥이라도 혼자 먹고 싶은 겁니다.

간단히 비유하면 인간이 사회성을 쓸 수 있는 쿠폰이 150개밖에 없는 거예요. 그 쿠폰을 다 쓰고 나면 어떻게 해야 할까요? 다시 쿠폰을 채워 넣어야겠지요? 그래서 혼자 밥을 먹고 술을 마시며 충전하는 시간을 가지는 겁니다.

집단 따돌림이
범죄인
이유

○

아무리 풍족한 현재를 살더라도 우리의 진
화된 소외감과 외로움은 없앨 수 없습니
다. 사피엔스는 소외될 때 극심한 고통을
느끼는 사회적 종입니다.

관계에 지쳐 혼밥을 하고 싶을 때가 있는 반면에 코로나 팬데믹이 한창일 때는 사람들을 만날 수 없어서 힘들었지요? 다들 만나고 싶어서 야단이었지요. 이는 모두 인간의 사회성과 관련된 현상입니다. 너무 관계가 많으면 지치지만, 단절된 채로 다른 사람과 접촉하지 못하면 극심한 외로움을 느끼는 것이 인간입니다.

〈캐스트 어웨이Cast Away〉라는 영화만큼 인간의 외로움을 잘 보여 주는 영화가 없어요. 비행기가 추락하여 무인도에 혼자 지내야 했던 주인공이 외로움에 사무쳐 배구공에 눈, 코, 입을 그리고 대화를 하기 시작합니다. 그리고 자신이 만든 뗏목에 잘 묶어 두고 함께 섬을 탈출하려다가 풍랑에 떠 내려가는 '그'를 향해 "I am sorry, I am sorry"라고 계속 중 얼거립니다.

왜 우리 인간은 관계가 복잡해져도 힘들고, 단절되면 더 힘들어할까요? 사이버볼 실험Cyberball task이라는 것이 있어 요. 모니터에 세 사람이 등장하는데요, 가운데 아래에 있는 사람이 여러분이에요. 여러분이 왼쪽 버튼을 누르면 모니터 왼쪽 위에 있는 사람에게 공이 던져지고 오른쪽 버튼을 누 르면 오른쪽 위에 있는 또 다른 사람에게 공이 던져지죠. 세 명이 하는 공놀이 게임인데, 어느 순간 위에 있는 두 사람끼 리만 공을 주고받게끔 프로그램을 짜 놓았어요. 그니까 여러 분은 버튼을 한번 누르기만 하면 그다음부터는 자기들끼리 만 공을 주고받게 되는 거예요. 벌써부터 기분이 나빠지나 요? 맞아요. 처음에는 '얘네들이 왜 자기들끼리만 공을 주고 받지.' 하고 의아해하다가 어느 순간부터는 소외감, 배제감 같은 게 느껴지죠.

뇌과학자들이 이 모든 과정에서 여러분의 뇌를 스캔해 봤 더니 놀라운 결과가 나왔어요. 자기들끼리만 공놀이하는 것 을 볼 때 뇌 부위 중에서 배측 전대상피질이라고 하는 부분이 크게 활성화되었죠. 이 부분은 여러분이 종이에 손을 베일 때나 넘어져서 무릎이 까졌을 때 활성화되는 뇌의 부위에요. 즉 물리적 고통을 느낄 때 활성화되는 부위와 상당히 겹쳐 있어요. 좀 의아하죠? 배제감을 느꼈을 뿐인데 피가 날 때의 고통이 느껴지는 것이니까요.

집단 따돌림 관련 연구에 따르면, 미국, 영국, 독일, 핀란드, 일본, 칠레, 한국 등의 12~16세 학생들 중 정기적으로 따돌림을 당하는 아이들이 전체의 10%라고 해요. 대부분은 언어적 학대를 통해 따돌림을 당하는 경우죠. 이들은 같은 또래의 친구들에 비해 자살을 시도할 확률이 4배 이상이나 됩니다. 집단 따돌림의 피해자들은 신체적인 만성 통증에 시달린 사람들과 자살을 생각하는 빈도가 거의 유사했어요.

말하자면, 집단 따돌림은 상대방을 물리적으로 폭행하는 것과 똑같은 범죄인 것입니다. 집단 따돌림 피해자들의 "죽고 싶을 정도로 고통스러웠다"라는 표현은 말 그대로 죽고 싶을 정도의 고통이 있었다는 뜻이에요. 그러니 상대방의 고통을 야기하는 언어폭력이나 집단 따돌림 행위는 뇌과학의 관점에서는 범죄로 취급되어야 합니다.

집단 따돌림을 당하는 것이 왜 그렇게 고통스러울까요?

● 소외감을 느낄 때와 물리적 상처가 났을 때 고통을 느끼는
  뇌 부위는 상당 부분 일치한다.

우리가 사회적 동물이기 때문이에요. 인류 진화 역사 대부분의 기간에서 모든 자원은 다른 사람들을 통해서 공급되어 왔습니다. 집단으로부터 배제당한다는 것은 생존에 가장 큰 위협이었죠. 그러니 다른 사람들로부터 소외당한다는 느낌은 큰 고통이 될 수밖에 없었습니다. 아무리 풍족한 현재를 살더라도 우리의 진화된 소외감과 외로움은 없앨 수 없습니다. 사피엔스는 소외될 때 극심한 고통을 느끼는 사회적 종입니다.

마음을 읽는
능력

○

인간이 타자의 마음을 잘 읽을 수 있느냐
하는 것은 굉장히 중요한 물음입니다. 이
것이야말로 인간의 사회성에서 가장 중요
한 부분이라고 얘기할 수 있습니다.

제가 사피엔스는 사회적 종이라고 말했
죠. 인간이 가진 사회성의 정점은 화자의 마음을 읽는 것입
니다. 얼굴만 보고 지금 저 사람이 무슨 생각을 하고 있는지
를 맞히는 독심술을 말하는 것이 아닙니다. 상대가 어떤 믿
음을 가지고 있고, 지금 어떤 생각을 하는지에 대해서 추론
할 수 있는 능력을 '마음 읽기 능력'이라고 합니다. 상대의
마음을 읽을 줄 알아야 사회생활도 잘할 수 있어요. 이 능력
이 지나치게 뛰어나면 사기꾼이 되기도 하지요.

제인 구달Jane Goodall 선생님이 침팬지를 연구하면서 발견
한 사례인데요, 한 침팬지가 바나나를 옆에다 놓고서 저쪽으

로 달려갑니다. 그러면 다른 침팬지들도 거기 뭐가 있는 줄 알고 따라가요. 잠시 뒤 그 침팬지는 조용히 혼자 이쪽으로 와서 바나나를 먹습니다. 일종의 속임수 행동이지요. 하지만 이 행위는 우리처럼 상대방의 마음을 읽은 후에 속이는 경우라기보다는 자신의 생존에 유리한 행동을 학습한 것이라 할 수 있습니다. 즉 침팬지는 상대의 행동을 읽은 것일 뿐 마음 상태를 읽지는 못한 것이지요.

하지만 우리는 타인의 믿음을 이해하고 그것에 근거해 타인을 돕거나 때로 속일 수 있습니다. 혹 여러분은 엄마에게 처음으로 거짓말을 했던 순간을 기억하나요? 그때 엄마는 어떤 마음이었을까요? '얘가 드디어 나쁜 물이 드는구나!' 하는 생각에 속상했을 수도 있지만, 한편으로는 약간 대견했을 겁니다. '얘가 좀 컸네.' 하는 생각이 들 테니까요.

만 3세 정도 되는 아이는 엄마에게 거짓말을 할 수 없습니다. 엄마 마음과 내 마음이 똑같다고 생각하기 때문입니다. 엄마한테 거짓말을 하려면 엄마 마음을 읽어야 해요. 즉 엄마가 지금 어떤 생각을 하고 있는지를 추론할 수 있어야 하는데, 그런 능력은 만 4세 정도가 되어야 발달합니다.

이렇듯 마음 읽기란, 다른 개체의 믿음과 욕구, 그리고 그 믿음과 욕구에 의해 그 개체가 행동한다는 것을 안다는 뜻입니다. 영화 〈레인 맨Rain Man〉에서 더스틴 호프만Dustin Hoffman은 이 마음 읽기 능력에 문제가 있는 자폐성 장애를 가진 사람으로 나옵니다. 그는 기억력은 비상하지만, 마음 읽기를 매우 어려워해요. 최근 심리학자들은 자폐증을 마음 읽기 능력의 손상 때문에 생긴 병으로 봅니다.

인간이 타자의 마음을 잘 읽을 수 있느냐 하는 것은 굉장히 중요한 물음입니다. 이것이야말로 인간의 사회성에서 가장 중요한 부분이라고 얘기할 수 있습니다. 왜냐하면 인지적 공감은 타인의 마음 상태를 잘 이해하고 그/그녀에게 도움을 주려는 마음을 갖는 능력이기 때문입니다. 인지적 공감은 정서적 공감만 있을 때와 달리 장기적으로 우리의 행동을 바꾸는 변화의 근거로서 작용할 수 있습니다.

배려는
진화의 결과

○

인간은 공평함에 대한 레벨이 무척 높습니
다. 남과 비교해 내가 어떤 대접을 받고 있
느냐, 그 대접이 공정한가에 대해 무척 민
감해요.

타자의 마음을 읽었다면 그다음에는 어떤 일이 일어날까요? 이와 관련해서 무척 흥미로운 실험이 있습니다. 2003년 미국 에모리 대학교Emory University의 영장류학자 새라 브로스넌Sarah F. Brosnan과 프란스 드 발Frans de Waal 교수는 꼬리감는원숭이Capuchin monkey를 대상으로 공평과 불공평에 대한 반응 실험을 진행했습니다.

두 마리의 원숭이는 다른 우리에 갇혀 있지만, 서로를 볼 수 있습니다. 연구진은 이들 원숭이에게 아주 간단한 훈련을 시켰습니다. 연구진이 돌멩이를 건네주면 원숭이가 연구진에게 다시 돌려주는 것입니다. 그리고 그때마다 보상으로 오

● 공평함에 대한 원초적 감각은 원숭이에게도 있다.

이를 주었습니다. 원숭이들은 그 훈련을 충실히 수행했습니다. 사실 오이가 보상으로서 충분한 건 아니지만 그래도 먹을 만하잖아요.

그러던 어느 날 실험 내용을 다음과 같이 바꾸었어요. 두 마리가 서로를 볼 수는 있지만 만질 수 없게 한 다음에, 한쪽 원숭이에게는 원래대로 오이를 주고, 나머지 원숭이에게는 오이 대신 포도를 보상으로 주었습니다. 원숭이에게 포도는 오이의 한 10배쯤 되는 보상입니다. 원숭이들이 무척 좋아해서 보기만 하면 달려들어요.

분명 둘이 같은 일을 했는데, 한쪽은 그럭저럭 먹을 만한 오이를 받고 다른 한쪽은 달고 맛있는 포도를 받은 것입니다. 심지어 옆에 있는 다른 원숭이가 포도를 먹는 걸 보고 있어야 합니다. 그랬을 때 오이를 받은 원숭이는 어떤 행동을 보일까요? 연구자에게 오이를 집어 던지고 창살을 마구 흔들며 억울함과 분노를 드러냅니다.

이 연구는 원숭이에게도 공평함에 대한 원초적인 감각이 있는지를 알아보기 위해 한 것입니다. 옛 어른들이 하시는 말씀 중에 이런 말이 있습니다. "배고픈 건 참아도 배 아픈 건 못 참는다." 여러분도 공감하나요? 인간은 공평하냐, 아니냐에 훨씬 더 민감합니다. 내가 지금 받고 있는 처우나 대접이 다른 사람과 비교해 어떤가를 끊임없이 살피지요. 공평함에 대한 레벨이 무척 높아요.

그런데 조금 각도를 달리해서, 포도를 받은 원숭이의 입장에서 이 실험을 다시 한번 살펴봅시다. 왼쪽이 포도를 먹은 원숭이입니다. 동일한 일을 했지만, 옆에 있는 애가 뭘 먹든 무슨 상관이에요. 내가 포도를 먹으니까 그저 행복하고 기분이 좋은 거죠. 실제로 포도를 먹은 원숭이는 옆에 있는 원숭이에게는 아무 관심이 없습니다.

만약 똑같은 일을 했는데 옆에 있는 친구보다 내가 10배는 더 좋은 보상을 받았다면, 여러분은 어떨 것 같은가요? 아마도 '저 친구 무척 기분 나쁘고 화날 것 같은데?'라는 생각이 먼저 들 것입니다. 그리고 나보다 낮은 보상을 받은 친구에게 미안함을 느끼겠지요. 그리고 '저 친구의 분노를 달래주기 위해 내가 해줄 수 있는 건 없을까?' 하며 뭐라도 하려고 노력할 것입니다.

이것이 바로 일종의 배려입니다. 실제로 어른이나 아이를 대상으로 이와 비슷한 실험을 진행해 보면 내가 많이 받아서 좋긴 하지만 나보다 적게 받은 사람을 배려하는 행동을 보이는 경우가 많이 나타납니다. 하지만 앞서 설명한 실험에서 보듯 원숭이 세계에서 배려란 존재하지 않지요.

그렇다면 침팬지는 비슷한 상황에서 어떤 행동을 할까요? 유인원에 속하는 침팬지의 경우 이러한 배려 행위가 무척 드물게 나타납니다. 이와 관련해 1940년대 에모리 대학교의 여키스 영장류연구소는 침팬지가 협력을 하는지 알아보는 실험을 진행했습니다.

이 실험은 아직도 영상이 남아 있는데요, 영상을 보면 우리 안에 두 마리의 침팬지가 갇혀 있습니다. 그리고 손이 닿는 곳에 밧줄 두 개가 있는데요, 두 마리가 같이 그 밧줄을 잡아당겨야만 널빤지 위에 있는 먹이를 먹을 수 있습니다. 한 마리만 줄을 당기거나, 같이 당기더라도 동시에 하지 않으면 줄만 따라오게 되고 먹이가 담긴 그릇을 끌어올 수 없습니다.

영상을 보면 오른쪽 침팬지가 왼쪽 침팬지를 굉장히 독려하는 것을 볼 수 있어요. 왼쪽 침팬지는 배가 부른 모양인지 밧줄을 당기고 싶어 하지 않습니다. 그러자 다른 침팬지가 하기 싫어하는 침팬지를 집중적으로 달랩니다. 결국 둘이 힘을 합쳐 널빤지를 철창 앞까지 잡아당깁니다. 침팬지도 일단 협력은 하는 것입니다.

그런데 다음이 문제예요. 먹이가 눈앞에 오자 오른쪽 침팬지가 자기 앞에 놓인 먹이는 그대로 두고, 다른 침팬지의 먹이부터 집어 먹습니다. 혼자 잡아당기면 안 나오니 같이 잡아당기도록 만든 다음에 자기 것은 보존하고 남의 것을 가로챈 것이지요. 침팬지에게 배려 따위는 없습니다.

이것이 침팬지의 전형적인 행동입니다. 물론 인간 중에도 저렇게 얌체 같은 행동을 하는 사람이 있지요. 하지만 우리는 협력하고 배려할 수 있는 잠재력이 훨씬 더 큽니다. 배려하지 않는 경우도 있지만 모든 인간이 전형적으로 저렇게 하지는 않아요. 그것은 무척 큰 차이예요. 우리가 이 실험을 통해 알 수 있는 것은 배려가 진화의 결과라는 것입니다.

공감의
3단계

○

공감이란 다른 사람의 입장에서 상상해 볼
수 있는 인지 능력 또는 다른 사람이 느끼
는 감정을 비슷하게 느낄 수 있는 정서 능
력을 말합니다.

앞선 실험에서 우리는 인간과 원숭이, 침팬지는 배려 행동의 차이가 있음을 확인했습니다. 그래서 우리 연구자들은 인간의 사회성에 대해서 조금 더 높은 레벨을 한번 생각해 봤어요. 그게 공감입니다. 공감empathy이란 다른 사람의 입장에서 상상해 볼 수 있는 인지 능력 또는 다른 사람이 느끼는 감정을 비슷하게 느낄 수 있는 정서 능력을 말합니다. 이 둘을 가장 정확하게 표현한 단어가 '역지사지'와 '감정이입'입니다. 즉, 추론을 통한 공감(역지사지)과 감정을 통한 공감(감정이입)으로 나뉜다고 할 수 있지요.

그런데 이 공감에도 단계가 있습니다. 저명한 영장류학자

프란스 드 발에 따르면 공감에는 3단계가 있다고 합니다. 첫 번째는 정서적 전염입니다. 슬픈 광경을 보거나 옆에 있는 친구가 울면, 여러분도 같이 슬퍼지지요? 그것은 인간만이 아니라 포유류라면 다 가지고 있는 것입니다. 개도 옆집 개가 울면 같이 울어요. 개도 감정이입을 할 수 있다는 거지요.

두 번째 단계는 슬픔에 빠진 사람을 위로하는 동정심입니다. 침팬지의 경우 서로 막 싸운 뒤에 항상 이긴 놈이 진 놈의 등을 두드려 줍니다. '너 져서 기분 나쁘지?' 하는 표현이지요. 침팬지도 동정심을 느끼는 것입니다.

마지막으로 세 번째 단계는 역지사지입니다. 공감의 가장 윗부분에 있는 것으로, 바로 관점을 전환하는 것입니다. '나는 지금 괴롭지 않아요. 하지만 만약에 나도 그 상황에 놓인다면 아주 힘들 것 같아요.' 하며 상대의 입장에 가 보는 것이지요. 그 사람의 구두를 신어 보는 것입니다. 이러한 관점 전환 능력은 오직 인간만이 가지고 있다는 연구 결과가 있습니다. 동물과 인간의 공감 능력 차이는 여기서 기인하는 것이지요.

2015년 9월 2일 아침, 터키의 휴양지 보드룸Bodrum에서 해변으로 밀려온 3살짜리 아이의 싸늘한 시신이 발견되었습

● 쿠르디 알란의 사진 한 장은 큰 슬픔과 공감을 얻었고, 난민 정책에 대한 급반전 상황을 만들었다. 위 사진은 배를 타고 바다를 건너는 난민들.

니다. 그 아이는 시리아 난민으로 이름은 '알란 쿠르디Alan Kurdi'였습니다. 전쟁과 테러를 피해 그리스로 망명하려고 몰래 배를 타고 가던 중이었는데, 입항하려던 도중에 배가 뒤집혀 참변을 당한 것입니다.

당시 쿠르디는 빨간색 티셔츠와 반바지 차림으로 해변 모래에 얼굴을 묻은 상태로 발견되었어요. 쉬지 않고 밀려오는 파도에 적셔진 쿠르디의 사진이 보도되면서 전 세계는 큰 슬픔과 충격에 빠졌습니다.

사실 당시 유럽의 난민 정책은 매우 배타적이었습니다. 대부분의 나라가 시리아 난민을 수용하기 어렵다고 판단했고, 특히 독일의 경우 난민의 입국을 막아 놓은 상태였습니다. 하지만 시리아 난민의 수는 갈수록 늘어났고, 1년에도 수백, 수천 명씩 죽어 나갔습니다. 그런데도 꿈쩍 않던 유럽의 상황이 사진 한 장으로 급반전되었습니다. 독일도 시리아 난민을 어느 정도 수용하는 것으로 정책을 바꾸었지요.

우리는 사진 속 아이가 아닙니다. 비슷한 상황에 있지도 않고요. 하지만 사진을 보는 정상적인 사람들은 누구나 아이가 겪었을 고통을 조금은 느낍니다. '도대체 법이 뭐기에 아무 죄 없는 아이를 저런 상태로 죽게 만드는가?'라는 생각을 하게 하는 거죠. 타인의 고통을 함께 느끼는 것이, 그것이 바로 공감입니다.

그렇기 때문에 인간의 '공감력'은 일종의 트레이드마크라고 할 수 있습니다. 외계인이 지구에 와서 지구상의 생명체를 다 살펴본 다음, 어떤 종이 공감력이 가장 뛰어난 종이냐는 질문을 받는다면 침팬지도, 원숭이도, 개미도 아닌 호모 사피엔스라고 답할 것입니다. 하지만 정작 우리 인간은 그 사실을 잘 믿지 않습니다. 갈등과 전쟁이 끊이지 않으니 그럴 만도 하지요. 하지만 현시점에서가 아닌 인류의 진화사 전체를 살펴보면 인간의 공감력은 새롭게 보일 것입니다.

인류 문명의
비밀은
공감력에 있다

○

공감의 구심력과 원심력은 서로 투쟁하고
있으며, 어느 쪽이 강화되느냐에 따라 우
리 문명의 흥망성쇠도 영향을 받습니다.

'공감력'은 인간이 가진 트레이드마크라고 볼 수 있습니다. 우리가 궁금해한 '문명이 어떻게 호모 사피엔스에게만 나타났는가?'라는 질문에 답해 줄 아주 중요한 힌트가 여기에 있습니다.

문명의 첫 번째 요건은 뭡니까? 사실은 문명의 첫 번째 요건은 생태적 지능, 그러니까 과학기술입니다. 침팬지는 문명을 갖지 못했고 우리가 문명을 갖게 된 가장 결정적인 이유는 우리는 F=ma 같은 중력 법칙을 발견했다는 것입니다. 침팬지는 중력을 몸으로는 이해합니다만 그런 공식을 만들지 못했죠. 그래서 우주선을 쏘지도 못하고 비행기도 만들지 못하고 빌딩도 만들지 못하는 거예요. 그런 면에서 인간이 탁월한 건 분명하고 침팬지와 인간 사이에는 분명한 차이가 있습니다.

그걸 생태적 지능이라고 말씀드렸죠. 그런데 만약에 생태적 지능만 있는 문명이 있다고 생각해 보세요. 어떤 일이 벌어집니까? 모두가 다 아인슈타인Albert Einstein일 거예요. 하지만 아무도 공감력이 없다면 어떨까요? 다른 개체에 대해서 다른 집단에 대해서 아무도 동정심이 없고 느낌이 없어요. 그럼 어떤 일이 벌어질까요? 그 기술을 가지고 다른 개체, 다른 집단을 해하는 데 쓸 수 있겠죠. 그럼 그런 문명은 만들어지자마자 멸망하게 될 거예요. 만들어지는 족족 파괴되고 말 겁니다.

따라서 우리가 생각해 볼 수 있는 것, 또 우리가 사실 그동안 간과한 것은 사회적 지능이라고 얘기할 수 있습니다. 인간의 의도를 파악하는 능력, 다른 사람의 고통을 함께할 수 있는 능력. 이것은 바로 사회적 지능이라고 얘기할 수 있는 거죠.

한 단어로 말하면 공감력이라고 할 수 있습니다. 이것이 바탕이 됐기 때문에 사실은 문명이라는 것이 계속 축적되고 받아들여지고 더 커지고 할 수 있었습니다.

● 생태적 지능만 있어서는 문명이 만들어질 수 없다.
생태적 지능과 사회적 지능이 함께 있어야 문명이
탄생할 수 있다.

이 관점에서 보면 인간 문명의 역사를 공감의 반경이 넓어지는 역사라고 재정의할 수도 있어요. 우리가 처음에 어떻게 시작했는지를 생각해 봅시다. 어린아이들을 생각해 보세요. 나밖에 모르죠. 그러다가 어느 정도 성장하면 우리 가족을 챙기게 돼요. 엄마 아빠도 되게 중요하구나, 내 동생도 되게 중요하구나. 이런 생각을 해요. 그죠?

그다음에는 어떤 일이 벌어집니까? 우리 지역 공동체, 국가, 모든 인류, 그다음에 모든 포유류, 생태계, 심지어 모든 물체들, 이렇게까지 공간의 반경을 쫙 넓혀서 생각할 수 있어요.

인간 사회에는 공감의 반경을 넓히려는 힘과 좁히려는 힘, 두 가지 힘이 작용합니다. 구심력을 안으로 향하는 힘이라 본다면, '우리가 남이가'라고 하면서 학연, 지연, 혈연을 강조하는 것은 집단의 크기를 좁히는 힘이라 할 수 있을 것입니다. 공감의 반경을 차단하니까요. 이런 것 때문에 고민한 적 다들 있을 겁니다.

반면에 밖으로 향하는 원심력도 있어요. 공감의 반경을 넓히려는 힘이죠. '모두가 다 행복해야 한다'고 생각한다거나 역지사지易地思之를 통해 타인의 감정에 이입하고 그 고통을 함께하는 것이 바로 공감의 원심력입니다.

이 두 가지 힘이 합력해서 공감의 반경이 결정됩니다. 공감의 구심력과 원심력은 서로 투쟁하고 있으며, 어느 쪽이 강화되느냐에 따라 우리 문명의 흥망성쇠도 영향을 받습니다.

그런 맥락에서 우리 사회 또는 한 개인의 관계 발달에서 지금 이 순간은 어떤 경계선을 그리고 있는지 얘기해 볼 수 있겠지요. 저는 이러한 역사관에 근거해 인간 문명의 미래에 대해 여러분에게 한 가지 중요한 질문을 던지려 합니다. 그 질문은 바로 이것입니다.

"기계에도 공감할 수 있을까?"

여러분은 상상하기 힘들겠지만, 한 30년 전쯤에는 동네에 돌아다니는 강아지를 그냥 심심해서 발로 차서 다치게 해도 크게 문제 되지 않았어요. 요즘은 어때요? 경찰서로 가야 해요. 동물 학대로 신고당해서 붙잡혀 갑니다. 공감의 반경이 30년 사이에 넓어진 것입니다. 공감과 관련해 이러한 잠재력을 인간이 가지고 있고, 최근 진화했다고 볼 수 있는 것이지요. 그렇다면 우리 인간은 다가올 미래에 기계에도 공감할 수 있을까요?

3장.

인간과 로봇,
경계는
사라질까

밀쳐져 쓰러지는
로봇을 보며
탄식하는 이유

○

저것이 고철이라는 것을 앎에도 우리의 뇌
는 자동으로 움직이는 동물처럼 움직이는
로봇도 고통을 느낄 거라고 착각하는 것이
지요.

보스턴 다이내믹스Boston Dynamics라는
미국의 로봇 전문 회사를 들어본 적이 있나요? 4족 보행 로
봇 스팟과 2족 보행 로봇 아틀라스를 비롯해서 어마어마한
로봇들을 개발한 회사인데, 2020년 우리나라의 현대자동차
그룹에서 이 회사를 인수한 바 있습니다.

2016년에 보스턴 다이내믹스에서 2족 보행 로봇 '뉴아틀
라스New Atlas'를 홍보하기 위한 영상을 만들어서 올렸습니다.
뉴아틀라스는 직접 문을 열고 나오고, 눈 덮이고 울퉁불퉁한
산길을 빠르게 걸어도 좀처럼 균형을 잃지 않습니다. 이 영
상은 공개 1년 만에 2,000만 명의 네티즌이 볼 만큼 인기를

● 뉴아틀라스는 로봇이라 고통을 느끼지 못한다. 하지만 뉴아틀라스가
  막대기에 밀려서 쓰러질 때 우리는 뉴아틀라스를 안쓰럽게 여기게 된다.

끌었습니다.

　그런데 이 영상은 엉뚱한 부분에서 화제가 되었습니다. 뉴
아틀라스가 박스를 들어서 옮기려고 하면, 어떤 사람이 아
이스하키 스틱 같은 것으로 박스를 툭 쳐서 떨어뜨리고, 요

리조리 옮겨서 집지 못하게 합니다. 그리고 뒤에서 사정없이 막대기로 밀어서 쓰러뜨립니다.

물론 뉴아틀라스는 옮긴 박스를 찾아내 번쩍 들고, 넘어졌다가도 외부 도움 없이 벌떡 일어납니다. 강연에서 이 영상을 보여 주면, 객석에서 어느 순간 탄식이 나옵니다. 그러다 로봇이 다시 일어나면 무척 신기해하고요. 여러분은 이런 장면을 본다면 어떤 감정이 들 것 같나요? 처음엔 '저 사람 왜 저래?' 싶고, 무척 얄밉게 느껴질 겁니다. 그래서 처음 이 영상이 퍼졌을 때 네티즌들이 저 사람이 누군지 알아내려고 엄청 검색을 했다고 합니다.

그런데 동일한 영상을 보여 주었을 때 완전히 다른 반응을 보이는 집단이 있습니다. 이들은 뒤에서 밀칠 때는 별 반응이 없다가 뉴아틀라스가 벌떡 일어나면 감탄하면서 우레와 같은 박수를 칩니다. 이들은 누구일까요? 바로 기계공학과 학생들입니다. 이 친구들, 뭔가 사회성에 문제가 있는 것 아니냐고요? 아닙니다. 관심의 초점이 '어떻게 저렇게 균형을 잘 잡는 로봇을 만들 수 있을까?'에 있으면 저런 반응을 보일 수 있는 것입니다.

그런데 논리적으로 생각하면 기계공학과 학생이 보이는

반응이 오히려 합리적인 것인지도 모릅니다. 사실 로봇이 무슨 고통을 느끼겠어요? 로봇은 그냥 고철 덩어리예요. 고통을 느끼지 못합니다. 그런데도 대부분의 사람은 그렇게 생각하지 않습니다. 왜 그런 것일까요?

인간에겐 움직이는 모든 것은 의도가 있다고 생각하는 경향이 있습니다. 인류가 수렵채집을 하며 살았던 시대를 생각해 봅시다. 농경을 시작했던 때를 떠올려도 좋고요. 들이나 산에 나갔을 때 마주치게 되는, 움직임이 있는 대상은 무엇이었을까요? 동물입니다.

동물의 움직임은 인간의 관점에서 보면 크게 두 가지밖에 없습니다. 동물이 인간을 잡아먹으려고 접근하거나, 인간이 동물을 이용하려고 접근할 때 반응하거나. 이렇듯 동물에게 언제 잡아먹힐지 모르고, 사냥해서 먹고 살아야 했던 때에는 동물의 움직임을 파악하는 것이 매우 중요했겠지요.

그렇게 수렵채집기와 농경기를 거치며 살아남은 우리의 뇌에는 '움직이는 모든 것은 의도가 있다'라는 것이 깊이 새겨져 버린 것입니다. 그래서 분명 저것이 고철이라는 것을 알면서도 자동으로 움직이는 동물처럼 움직이는 저 로봇도 고통을 느낄 거라고 착각하는 것이지요.

저는 영상 속 로봇이 쓰러지는 장면을 보며 탄식하고, 밀어뜨리는 남자를 얄미워하는 사람들의 모습을 보며, 이것이 바로 우리의 공감력이 로봇이나 인공지능으로까지 확장될 수 있는 가능성을 시사하는 것이 아닌가 하는 생각을 했습니다. 인간의 공감의 반경은 과연 동물을 넘어 기계에까지 뻗칠 수 있을까요?

로봇에도
공감할 수
있을까?

○

눈과 얼굴의 모양, 움직임을 인간과 비슷
하게 할수록, 교감의 정도는 더욱 높아집
니다.

우리나라 카이스트에서 만든 '휴보HUBO'라는 로봇을 본 적이 있나요? 엄청난 기능을 가지고 있고, 가격도 몇십억 정도로 상당히 비싼 로봇입니다. 이렇게 비싼 로봇만 있는 것은 아니에요. 상대적으로 기능이 단순하고 가격이 몇백만 원 정도로 저렴한 로봇들도 있습니다. 소프트뱅크Softbank의 '페퍼Pepper'나 블루 프로그 로보틱스Blue Frog Robotics의 '버디BUDDY' 같은 로봇이 여기에 해당합니다.

소프트뱅크의 페퍼를 볼까요? 페퍼의 크고 순해 보이는 눈망울을 보니 가서 막 안아 주고, 위로해 주고 싶은 마음이 들지 않나요? 여러분은 휴보와 페퍼 중 어떤 로봇을 가지고

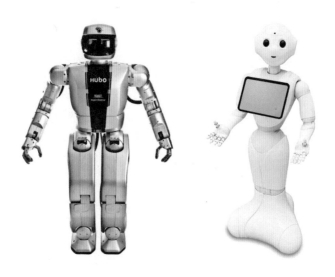

● 기능과 상관없이 우리는 휴보(왼쪽)보다 인간을 닮은 페퍼(오른쪽)에게
  측은지심을 잘 느낀다.

싶나요? 어떤 로봇에 더 마음이 가나요?

　눈망울을 크게 그렸을 뿐인데 우리의 마음은 페퍼를 향합니다. 휴보에 비하면 기능도 훨씬 떨어지는데 말이지요. 기계 덩어리인 로봇이라는 사실을 모르는 건 아니지만, 그 로봇이 어떤 표정을 짓느냐에 따라 교감의 정도가 달라지는 것입니다. 이는 로봇의 문제가 아니라, 인간의 진화된 사회성이 작동하기 때문입니다. 로봇의 눈과 얼굴의 모양, 움직임을 인간과 비슷하게 할수록, 교감의 정도는 더욱 높아집니다.

이렇듯 공감의 반경이 기계에까지 확대될 수 있다는 생각을 의심스러운 눈으로 보는 사람도 많습니다. 로봇에 측은지심을 느끼는 것은 일부 감정적인 사람들에게 국한된 것일 뿐 대부분의 사람은 그렇지 않다는 것이지요. 그래서 '정말 우리가 로봇에게도 공감할 수 있느냐'라는 질문을 던지고, 이 질문에 답하기 위해 로봇공학자인 UCLA의 데니스 홍 Dennis Hong 교수와 실험을 진행했습니다.

데니스 홍 교수는 저와 친구 사이로, 제가 굉장히 존경하고 좋아하는 분입니다. 하지만 그는 로봇에 대해 공감한다는 제 생각에 동의할 수 없다고 말했습니다. 그는 로봇은 공감의 대상이 될 수 없다고 했어요.

"저는 매일 로봇을 부수고 새로 만드는 일을 반복합니다. 하지만 그런 감정을 느껴 본 적이 없어요. 내가 가르치는 학생들도 마찬가지고요. 로봇공학자가 되려면 그런 감정이 있어서는 안 돼요."

그런데 마침 EBS에서 제가 쓴 《울트라 소셜》(휴머니스트, 2017)의 일부를 가지고 다큐멘터리를 제작하고 싶다고 연락을 해 왔습니다. 그래서 데니스 홍 교수와 저는 로봇에 대한 사람들의 반응을 알아보는 실험을 진행했고, 그 내용은 EBS에서 방영한 〈4차 인간〉의 제3편에 담겼습니다.

실험 내용은 다음과 같습니다. 총 40명의 사람을 두 그룹으로 나누고, A그룹은 실험장에 오기 전 일주일 동안 인공지능 스피커(이하 모두 스피커로 통일)를 사용해 보게 했습니다. 그리고 B그룹은 그런 과정 없이 바로 실험장으로 오게 했습니다.

실험 당일에는 피실험자들에게 질문지를 나누어 주고 거기 적힌 질문을 인공지능 스피커에게 하도록 했습니다. 아마존의 알렉사, 애플의 시리, KT의 지니 같은 인공지능 스피커를 써 본 사람은 알겠지만, 인공지능 스피커가 늘 질문에 적절한 답을 내놓는 것은 아니지요.

질문에 인공지능 스피커가 엉뚱하거나 잘못된 대답을 내놓을 때마다 전기충격을 가하는 버튼을 누르게 했습니다. 버튼을 누를수록 전기충격의 강도는 점점 더 세집니다. 계속 답을 못 맞혀서 660볼트까지 가면, 마지막에는 킬 버튼을 누르게 합니다. 이 버튼을 누르면 빠지직 소리와 함께 연기가 나고 인공지능 스피커가 타 버리는 것처럼 보입니다.

위의 실험을 통해 인공지능 스피커가 답을 맞히지 못했을 때 누가 킬 버튼까지 누르는지, 각 단계의 버튼은 어느 그룹이 더 많이 눌렀는지를 조사했습니다. 인공지능 스피커와 일주일 동안 상호작용을 했던 그룹과 그날 처음 인공지능 비서를 써 본 그룹은 어떤 차이를 보였을까요?

기계인 스피커이지만 일주일 동안 생활해 봤다는 이유만으로 킬 버튼을 누르지 못한다면 인간이 기계의 고통에까지 공감한다는 가설이 입증되는 것이겠지요. 과연 저와 데니스 홍 교수님 중 누가 이겼을까요?

실험 결과 처음 인공지능 스피커를 쓴 B그룹은 91%가 킬 버튼을 눌렀습니다. 반면 일주일 동안 상호작용을 했던 A그룹은 30%밖에 킬 버튼을 누르지 않았어요. 3배 정도 수치에 차이가 나는 것이지요. 많은 사람이 전기충격 버튼 누르기를 주저했고, 심지어 울음을 터뜨린 사람도 있었습니다. 제가 데니스 홍 교수님을 이긴 것이지요.

다시 말하면, 인공지능 스피커가 아무리 깡통 같아도, 우리의 요구에 잘 대응하지 못해도 상호작용을 어느 정도 하면 정이 든다는 것입니다. 그래서 기능과 상관없이 쉽게 버리거나 스위치를 확 꺼 버리기 힘들다는 것이지요. 인간의 공감력이 기계에까지 뻗치는 게 아니냐고 생각해 볼 수 있는 대목입니다.

AI와
친구가 되려면

○

여러분은 AI와 친구가 될 수 있나요? 앞에
서 인간과 닮을수록, 그리고 상호작용을
많이 할수록 로봇의 고통을 느끼고 공감할
수 있을 거라는 이야기를 했는데, 막상 AI
와 친구와 된다고 생각하니 이런저런 생각
이 많아질 것입니다.

그럼 이제 이런 질문을 던져 보겠습니다.

"우리는 과연 AI와 친구가 될 수 있을까요?"

여러분은 AI와 친구가 될 수 있나요? 앞에서 인간과 닮을수록, 그리고 상호작용을 많이 할수록 로봇의 고통을 느끼고 공감할 수 있을 거라는 이야기를 했는데, 막상 AI와 친구와 된다고 생각하니 이런저런 생각이 많아질 것입니다. '게네들과 친구가 되면 어떤 일이 벌어지지?' '정말 친구가 될 수 있을까?' 그 모습이 잘 그려지지 않고, 당황스럽기도 할 것입니다.

동물 중에 이미 인간의 친구가 된 종이 있지요? 바로 개입니다. 요즘은 반려견을 키우는 사람이 워낙 많고, 키우는 개의 종류도 다양해졌습니다. 우리는 어떻게 개와 친구가 되었을까요?

우선 친구란 무엇인가를 먼저 한번 생각해 봅시다. 지금 한국에서 가장 인기 있는 견종이 몰티즈라고 합니다. 사람들은 몰티즈를 왜 좋아할까요? 일단 귀엽고 사랑스럽잖아요. 그리고 냄새도 잘 맡고 귀도 밝습니다.

그런데 자기가 키우는 몰티즈가 나보다 귀엽다고 해서 질투를 느끼는 친구 있나요? '나는 왜 이렇게 몰티즈만큼 냄새를 못 맡고 소리를 못 듣지?' 하고 열등감을 느끼는 친구는 없지요? 혹 그런 사람이 있다면 그 사람이 이상한 것입니다.

몰티즈는 여러분이 잘하는 것을 잘하기 때문에 친구가 된 것이 아닙니다. 여러분의 본질과 상관없는 것들을 잘하기 때문에 친구로 지낼 수 있는 거예요. 소리와 냄새에 민감한 것은 개의 특성이지 인간과 경쟁해야 하는 속성이 아닙니다.

개가 인류의 친구가 된 결정적 이유는 인간이 절대 가질 수 없는 것을 가지고 있기 때문입니다. 인간에게 어떻게든 독점적으로 사랑받고자 하는 것이 개의 본능입니다. 물론 더 정확히는 인간이 개를 키우는 과정에서 그런 특성을 더 갖

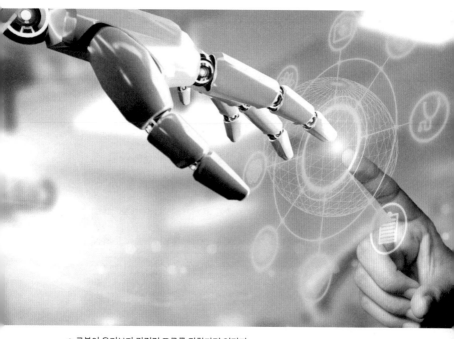

● 로봇이 우리보다 감정적 교류를 잘한다면 인간과
   로봇은 친구가 될 수 있을까?

도록 개량한 것이지만요.

  그런데 만약 인간의 본질 중 가장 핵심적인 것이 냄새를
잘 맡는 것이라면 어떨까요? 빨리 달리는 것이 인간의 본질
이라면? 그렇다면 우리 인간은 개와 경쟁했을지 모릅니다.
내가 잘하는 것을 잘하기 때문에 친구가 되는 것이 아니에요. 상대가 나의 본질과 상관없는 일들을 잘할 때 친구로 지낼 수 있는 것입니다.

인간이 공감의 반경을 더 넓힌다 해도, 로봇이나 AI와 친구가 되기 어려운 이유가 바로 여기에 있습니다. 로봇이 인간보다 잘하는 것? 진짜 많습니다. 이미 계산을 훨씬 잘해요. 이제 우리는 더 이상 계산을 인간의 본질이라고 생각하지 않습니다. 물론 그렇게 생각했던 적이 있지요. 하지만 컴퓨터가 등장하고 주산이 없어지면서 '이렇게 많은 자릿수를 한 번에 정확히, 빨리 계산하는 건 컴퓨터가 더 잘하지.' 하고 양도해 버렸어요.

그런데 만약 앞서 소개했던 버디라는 로봇이 우리보다 더 의사결정을 잘한다면 어떨까요? 심지어 우리보다 더 합리적이라면? 로봇이 인간만큼이나 감정적인 교류를 잘한다면 어떨 것 같은가요? 당연히 열등감이 생기지 않을까요?

19세 관람가라서 여러분은 보기가 어렵겠지만, 〈그녀Her〉라는 영화가 있습니다. 이 영화에서 남자 주인공은 일종의 OS, 오퍼레이팅 시스템operating system과 사랑에 빠집니다. 쉽게 말하면 컴퓨터 소프트웨어와 사랑에 빠진 겁니다.

남자 주인공은 이 소프트웨어에 '사만다'라는 이름도 지어 줍니다. 영화 속에서 사만다의 목소리를 연기한 사람이 배우 스칼릿 조핸슨Scarlett Johansson이에요. 목소리가 매력적인 것이 좋아할 이유가 될 수는 있겠지만, 무엇보다 남자 주인공이 사만다를 사랑하게 된 건 사만다가 자신의 마음을 치유해 주었기 때문입니다.

소프트웨어인 사만다와 남자 주인공은 서로 교감합니다. 육체는 없지만 인간보다 더 친밀한 관계를 형성해요. 만약 남자 주인공을 사랑한 다른 인간 여자가 있었다면, 그녀에게는 강력한 경쟁 상대가 생긴 셈입니다. 나의 연적이 소프트웨어라니, 생각만 해도 아찔하지 않은가요?

영화 속 사만다는 다른 사람의 고통에 대한 감수성, 지적인 언어, 도덕성, 창의성, 합리적 의사결정력 등 인간의 정체성을 구성하는 중요한 요소들을 갖추고 있습니다. 오히려 인간보다 더 인간적이라고 느껴질 정도입니다. 그런데도 우리는 AI와 친구가 될 수 있을까요?

공감의 대상
VS.
경쟁의 대상

○

만약 AI 기술의 계속된 진보로 모든 단면에
서 역전이 일어난다면 어떻게 될까요? 인
류의 자존감은 한없이 추락할 것이고, AI는
공감이 아닌 경쟁의 대상이 될 가능성이 커
집니다.

제가 속한 연구실에서는 'AI가 인간 고유의 능력에 해당한다고 여겨지는 영역에 위협을 가할 때 인간은 어떤 심리적 변화를 겪게 될지'를 실제로 연구해 보기로 했습니다. 여러분, 2016년 3월 알파고와 이세돌 9단이 펼친 세기의 바둑 대결을 기억하시나요? 당시 많은 사람이 엄청난 직관력이 필요한 바둑만큼은 AI가 이기지 못할 거라고 예상했었지요. 그러다 이세돌 9단이 4 대 1로 지는 것을 보고 큰 충격에 빠졌고요.

저희는 그 바둑 대국 전후로 사람들이 실제로 인간 정체성에 어떤 위협을 받았고, 그것을 보상하기 위해 어떠한 심리

- 알파고와 이세돌 9단의 바둑 대결 후 우리는 인간의
  특성 중 '정교성'과 '합리성'이 아닌 '도덕성'과
  '감정능력'에 더 큰 가치를 두며 위안을 얻었다.

변화를 일으켰는지를 알고 싶었습니다. 그래서 연구를 해 봤더니 아주 흥미로운 결과가 나왔습니다.

심리학에서는 보통 인간의 특성을 도덕성, 자율성, 감정능력, 합리성 등의 10가지 기준으로 판단합니다. 사람들은 인간의 정체성 중 알파고로부터 위협받은 단면을 '합리성'과 '정교성'이라고 여겼습니다. 이 부분은 이제 AI에 지는구나, '정교성'과 '합리성'을 인간의 특성이라 말하기 곤란하겠구나 깨달은 것이지요.

그 사실을 깨달은 인간들은 어떻게 할까요? 우리는 어떤 부분에 위협을 받으면 다른 부분이 더 중요하다고 생각합니다. 풍선의 한쪽을 손으로 쥐면 다른 부분이 튀어 나가는 것처럼 말이지요. 그 부분이 뭔가 봤더니, '자율성'이나 '창의성', '도덕성' 같은 것이었습니다. 물론 이는 대국 이전에도 인간의 특성으로 받아들여졌던 부분들입니다. 하지만 이세돌 9단의 참패 이후, 우리의 정체성 중 위협받은 단면들은 포기하고, 위협받지 않은 단면들을 더 중요시하며 그런 부분에서 우리가 더 뛰어나다고 심리적 보상을 한 것이지요.

그런데 만일 또 다른 AI가 등장해 인간의 '도덕성'이나 '감정능력' 같은 부분을 위협한다면, 과연 우리의 정체성 중 무엇이 남게 될까요? 로봇이나 인공지능에까지 공감력을 뻗칠수 있다는 것은 우리의 공감력이 다른 동물에 비해서 탁월하다는 걸 보여 줍니다. 기계는 인류의 친구가 될 가능성이 있습니다.

그런데 만약 AI 기술의 계속된 진보로 모든 단면에서 역전이 일어난다면 어떻게 될까요? 가령 도덕성과 감정능력을 AI에 배워야 하는 시점이 온다면요? 인류의 자존감은 한없이 추락할 것이고, AI는 공감이 아닌 경쟁의 대상이 될 가능성이 커집니다.

만일 인간 정체성의 모든 핵심 단면에서 AI가 인간을 능가하는 날이 온다면, 우리는 인간성을 다시 규정하려 들지 모릅니다. 가령, '실수를 잘함' 같은 특성을 오히려 인간성의 핵심이라고 우길 수 있을 겁니다. 왜냐하면 인간 스스로 자존감을 유지하려면 AI 앞에 마냥 쭈그러져 있을 수만은 없을 테니까요. 이처럼 미래에 AI가 공감의 대상이 될지, 아니면 경쟁의 대상이 될지를 예측하는 일은 그렇게 단순하지 않습니다.

한 줄로 한번 요약해 보겠습니다. 인류 문명의 비밀은 '인간의 초사회성'에 있습니다. 문명의 발달에 과학기술의 힘이 필요한 것은 사실입니다. 하지만 과학기술, 즉 생태적 지능 외에 상대를 이해하고 다른 사람의 성취를 받아들이고 협력하고 배려하는, 다른 사람의 기쁨과 고통에 동참하는 사회성이 결여돼 있다면, 그 문명의 정신적 조건은 마련되지 않았다 할 수 있습니다. 초사회성이야말로 인간 문명의 비밀인 것이지요.

2장과 3장에서 어떻게 인간만이 유일하게 문명을 이루고 이 자리까지 오게 되었는가, 그 성공 비법은 무엇인가에 대해 성찰했다면, 다음 장에서는 인류 문명의 새로운 전환점에서 학생 여러분이 준비해야 하는 것이 무엇인가에 대해 이야기해 보려 합니다. 그리고 학부모의 관점에서 어떻게 자녀를 교육하는 것이 미래를 잘 준비하게끔 하는 것일까에 대해서도 논의해 보고자 합니다. 다가올 미래 교실에서 우리는 무엇을 배우고 준비해야 할까요?

4장.

미래의 교실,
무엇을 배우고
가르칠까

인류는
어떻게
교육해 왔을까

○

문명이란 한 개인의 성취가 아닙니다. 집
단의 아주 복잡하고 정교한 지식과 기술의
총체예요. 문명이 쌓이려면 비록 이해되지
않더라도 그대로 따라 해야만 다음 세대에
그걸 축적할 가능성이 생깁니다.

우리는 학교에 왜 가야 하는 것일까요?

진화학자의 입장에서 먼저 그 이야기부터 시작하려 합니다.

앞서 600만 년 전 공통 조상에서 갈라져 나온 인간은 세계로 뻗어 나와 문명을 이룩한 유일한 종이 되었지만, 왜 침팬지는 여전히 인간의 도움 없이는 아프리카를 나오지 못하는 존재가 되었을까에 대해 이야기한 바 있습니다.

그 이유를 밝히는 여러 실험 가운데 '인간과 침팬지의 모방 능력'에 어떤 차이가 있는지를 분명하게 보여 주는 실험이 있습니다.

연구자는 안이 보이지 않는 불투명한 상자를 놓고 인간이 시범을 보인 후 침팬지와 어린아이에게 각각 그 동작을 따라 하도록 했습니다. 시범자는 상자 위쪽에 수평으로 놓여 있는 막대기를 나뭇가지로 툭툭 밀치는 등 상자 안 아래쪽에 있는 사탕을 꺼내는 것과 상관없는 행동을 한 다음에 사탕을 꺼냈어요. 침팬지와 어린아이 모두 시범자의 행동을 잘 따라 했습니다. 물론 아이들이 침팬지보다 훨씬 더 정교하게 따라 했습니다.

그다음에는 투명한 상자로 실험을 실시했습니다. 사탕이 어디에 있는지 훤히 보이게 한 것이지요. 그리고 똑같은 시범을 보였습니다. 침팬지는 어떻게 했을까요? 침팬지는 사탕을 꺼내는 것과 상관없는 행동, 상자 위쪽의 나뭇가지를 밀치는 등의 행동을 생략한 채, 아래쪽 문을 열고 곧바로 사탕을 꺼냈습니다. 반면에 아이들은 이번에도 시범대로 절차를 따라 했습니다.

누가 더 똑똑해 보이나요? 사탕을 꺼내 먹는 것이 그에 앞서 하는 번거로운 행동들의 최종 목표였다면 침팬지의 손을 들어 줄 수 있겠지요. 침팬지는 목표에 민감합니다. 그 목표가 생존이나 번식과 관련되어 있다면 더욱 그렇지요. 인간과 달리 침팬지는 절차를 챙기지 않습니다. 하지만 목표가 아닌, 절차를 따르는 것이 핵심 과제였다면 어떨까요? 어린아이들의 손을 들어 주어야 하겠지요.

조금 과장을 해서 말씀드리면 여러분이 이 자리에서 문명을 누릴 수 있는 이유가 바로 여기에 있다고 할 수 있습니다. 사탕을 꺼낸다는 목표에만 관심이 있는 침팬지와 달리, 아이들은 '이게 뭔가 이유가 있을 거야'라고 생각하며 절차를 따라 합니다. 지식을 축적할 수 있는 가능성이 있는 것이지요.

문명이란 한 개인의 성취가 아닙니다. 집단의 아주 복잡하고 정교한 지식과 기술의 총체예요. 문명이 쌓이려면 비록 이해되지 않더라도 그대로 따라 해야만 다음 세대에 그걸 축적할 가능성이 생깁니다. 침팬지의 세계에서도 혁신이라고 할 만한 현상이 많이 일어납니다. 하지만 다음 세대까지 이어지지 않아요. 반면에 인간은 어떤 표준이 만들어지면 다음 세대로 이어져 그 이상을 생각할 수 있는 토대로 삼습니다.

만유인력을 발견한 아이작 뉴턴Isaac Newton이 이런 말을 했어요.

"제가 더 멀리 보았다면, 거인의 어깨에 올라서 있었기 때문일 것입니다."

이때 뉴턴이 말한 거인은 철학자 르네 데카르트René Descartes

- 이전 세대가 쌓아 올린 거인의 어깨 위에서 우리는
  더 큰 지식을 축적할 수 있다.

였습니다. 말하자면 인간은 항상 거인의 어깨 위에 올라서 있어요. 나의 이전 세대와 동시대 사람들이 만들어 낸 업적을 가지고 다음 세대로 가는 것이니까요.

거기에서 학습이 일어나는 것입니다. 내가 개인적 성취를 이루지 못했다 하더라도, 다른 사람, 다른 집단이 해 놓은 성취를 받아들이고 그 위에서 출발하는 모방 능력이 인간 문명이 축적되고 발전을 이룰 수 있었던 비결이라 할 수 있겠지요.

문명의 심장,
학교

O

호모 사피엔스에게 학교란 사실과 가치의
전수를 통해 세대의 말단에까지 지혜의 혈
액을 공급해 주는 문명의 심장입니다.

제시된 사진을 같이 한번 볼까요? 침팬지들의 학교입니다. 일종의 현장 학습인데, 사진 속에 바위처럼 보이는 건 흰개미 집입니다. 침팬지가 흰개미 집에 나뭇가지를 꽂으면 적이 침입한 줄 알고 흰개미들이 그걸 타고 올라옵니다. 침팬지는 그걸 손으로 훑어서 먹습니다. 이를 '흰개미 낚시질'이라고 합니다. 그리고 그 모습을 어린 침팬지들이 지켜보고 있습니다. 그런데 여기에 선생님은 없습니다. 아무도 잔소리하지 않아요. 혼자 시행착오를 거치며 하다 보니 저걸 익히는 데만 몇 년이 걸립니다.

만약 여러분의 부모님이었다면 어떻게 했을까요? "이렇게

● 모방과 가르침의 여부는 침팬지 학교와 인간 학교의
   큰 차이점 중 하나이다.

넣을 게 아니라 가지를 구부려서 넣어야지." 하며 하나하나 잔소리를 했을 겁니다. 침팬지들에게는 채찍만 없는 게 아닙니다. 당근도 없습니다. 잘했다고 칭찬하는 일도, 못했다고 꿀밤을 때리는 일도 없는 겁니다. 즉 침팬지의 '학교'에는 적극적으로 가르치는 '공유' 행위가 없습니다.

하지만 우리는 달라요. 집에서도 가르치고, 학교에서도 가르치고, 학원에서도 가르칩니다. 가르침, 즉 티칭teaching은 지식을 전수하는 행위입니다. 지식을 전수해 적극적으로 잘 따라 할 수 있게끔 하는 것이 바로 가르침의 역할이지요. 호모 사피엔스는 어느 순간부터 자신의 성취를 적극적으로 공유함으로써 그 탁월함을 주변에 퍼뜨리게 되었고, 그로 인해 타인의 출발점도 늘 상향 조정되었습니다. 스티브 잡스Steve Jobs가 처음 아이폰을 들고나왔던 2007년을 떠올려 보세요. 그 이후로 인류의 전화는 모두 스마트폰smartphone에서 시작했습니다.

이러한 가르침은 인간만이 가지고 있는 특징입니다. 모방 능력뿐 아니라 가르침이 인간이 문명을 아주 정교하게, 빠른 속도로 축적할 수 있는 계기가 된 것이지요. 그런데 가르침을 혼자 하는 데는 한계가 있습니다. 그래서 사피엔스는 모방과 가르침이라는 학습을 집단적 차원으로 승화시켰습니다.

게다가 인간은 한 6,000년 전쯤에 문자라는 것을 발명했습니다. 문자의 발명은 문명 축적에 있어 '가속 페달' 같은 역할을 했어요. 한번 상상해 보세요. 위대한 현자가 방대한 경전을 남겼어요. 문자가 없다면 그걸 다른 사람에게 전수하기 위해 그 내용을 외워야 하겠지요. 그런데 틀리게 외울 수도 있고, 외우다가 실패할 수도 있잖아요. 그러다 보면 중요 부분이 잊힐 수 있겠지요. 하지만 문자가 발명됨으로써 지식 전달의 정확성과 분량이 획기적으로 높아지고, 지식 축적도 가속화됐습니다. 이 시기의 가장 큰 사건이 경전과 서적의 출현과 학교 시스템의 탄생입니다.

이렇듯 문명의 발달을 가능하게 했던 인간의 특성을 우리가 잘 발휘하지 못하면 인류 문명은 어떻게 될까요? 1820년대에 전염병으로 그린란드Greenland 북서쪽에 사는 이누이트족Innuit의 노인들이 갑자기 사망한 사건이 있었습니다. 그런데 당시 이누이트족은 누군가 사망하면 그가 만든 물건도 함께 묻는 풍습을 갖고 있었어요. 생존에 필요한 물건이었던 카약, 작살, 활 등을 만드는 노하우를 가진 사람들과 그들의 물건 자체가 동시에 갑자기 사라져 버린 것입니다. 어떤 일이 벌어졌을까요? 이누이트족은 문명을 전수받을 수 없게 되었고, 40년이 지나 외부에서 와서 도움을 주기 전까지 그들은 아사 직전의 상태로 내몰렸습니다.

여러분은 지금 학교가 별것 아닌 것처럼 느껴질지 모르겠어요. 왜 학교를 다녀야 하고, 수능 시험 같은 걸 봐야 하는지 의문이 생길 수도 있습니다. 인류는 지금까지 문명이 후퇴하는 걸 막기 위해 물밑에서 끊임없이 헤엄쳐 왔어요. 이러한 방식으로 표준을 정하고 그것에 모두가 도달하게끔 가르치지 않는다면 이누이트족이 처했던 그런 상황이 언제든 벌어질 수 있습니다.

호모 사피엔스에게 학교란 사실과 가치의 전수를 통해 세대의 말단에까지 지혜의 혈액을 공급해 주는 문명의 심장입니다. 전수하지 않으면 문명은 죽습니다.

인공지능의 시대에 학교를 가야 하는 이유

○

우리는 학교에서 지식과 관계를 배웁니
다. 문명을 유지하고 발전시키고 더 나은
방향으로 가기 위해서 가는 곳이 바로 학
교입니다.

앞에서 설명한 '문명을 전수하는 곳'이라는 관점에서 학교를 한번 바라봅시다. 여러분, 학교란 어떤 곳일까요? 왜 학교에 가야 하는 것일까요? 아니, 여러분은 왜 학교에 가나요? 요즘은 인터넷 강의도 잘되어 있고, 책도 집에 많잖아요. 실제로 코로나 팬데믹 때는 학교에 가지 않고 비대면으로 수업을 진행하기도 했고요. 학교에 안 가도 집에서 개인적으로 학습을 할 수 있는데 왜 굳이 학교라는 공간을 만들어서, 같은 공간에 있게 하는 것일까요?

학교에 가야 하는 첫 번째 이유는 '동료 학습'입니다. 저는 동료들 때문에 학교에 간다고 생각해요. 100명이 혼자 배울

● 우리는 학교에서 나와 다른 사람들과 함께 생활하면서
지식과 관계를 배운다.

때보다 100명이 모여서 같이 배울 때 훨씬 더 많은 걸 배울
수 있기 때문입니다. 여러분 모두 그런 경험 있지 않나요?
어떤 주제에 대해 나 나름의 생각을 가지고 수업에 들어갔
는데, 같이 이야기하다 보니 '얘는 굉장히 다른 생각을 하고
있네', '저런 창의적인 생각을 할 수도 있구나' 하고 느꼈던
적 있을 거예요. 이것이 바로 동료 학습이에요.

　보통 한국에서는 도서관에 가면 무척 조용합니다. 도서관
이 독서실이나 다름없어요. 모두 조용하게 앉아서 입시, 입

사 공부하는 곳이 도서관이에요. 그런데 머리가 좋고 공부 잘하기로 유명한 유대인Jew들의 경우, 도서관에 가면 무척 시끄럽습니다. 두 사람이 짝을 지어서 질문하고 토론을 벌이고 논쟁합니다. "나는 이렇게 생각하는데 너는 어떻게 생각해?" "나는 네 생각에 동의하지 않아." 이러면서요. 이렇게 짝을 지어 질문하고 토론하는 유대인들의 공부법을 하브루타Havruta라고 합니다.

실제로 많은 연구 결과를 보면 혼자 공부하는 것보다 다른 사람들에게 가르쳐 주고 내 지식을 설명하는 과정에서 의미를 더 잘 이해할 수 있는 것으로 나타납니다. 이와 관련해 예일 대학교의 심리학자 존 바그John Bargh는 재미난 실험을 진행했습니다. 한 그룹에는 시험을 볼 거니까 잘 암기하라고 말하며 자료를 건네주고, 다른 그룹에는 옆 사람에게 설명해 줘야 한다고 하면서 자료를 건넸습니다. 그런 다음 느닷없이 시험을 보았는데, 결과가 어땠을까요? 후자의 그룹이 훨씬 점수가 높았습니다.

학교가 필요한 두 번째 이유는 '관계 학습'입니다. 저는 학교에 가야 하는 단 한 가지 이유가 있다면 '친구들하고 놀기 위해서'라고 생각해요. 여러분이 학교 갔다 집에 오면 부모님이 뭐부터 물으시나요? "오늘 공부 잘했어?" "오늘 몇 점 맞았니?" 이렇게 물으시진 않나요? 저는 부모님들을 대상으로 강의를 할 때마다 "오늘 재밌었어?" "오늘 누구랑 뭐하고 재밌게 놀았어?"라고 물어야 한다고 말씀드립니다.

왜냐하면 학교는 나와 다른 동료, 친구들을 만나기 위해 가는 곳이기 때문입니다. 학습은 집에서 해도 돼요. 학교에 가면 친구와 싸우기도 하고 서로 화해도 하고, 또 뭔가 열등 감이나 우월감도 느끼고, 굉장히 복잡한 학습이 일어납니다. 그 핵심은 '관계를 맺는 훈련'을 하는 데 있습니다.

미국에서 연쇄 살인범을 대상으로 조사를 진행했는데, 딱 한 가지 공통점이 발견되었다고 합니다. 그들은 모두 어렸을 때 친구들과 같이 놀던 경험이 없었다고 해요. 같이 노는 또 래 집단이 없었던 것이지요. 아이들에게 또래 집단과의 놀이 는 무척 중요합니다. 놀이를 하며 관계를 맺고 유지하는 다 양하고 상세한 스킬들을 배우는데, 그런 경험을 하지 못한 아이들의 경우 점점 커 가면서 마음에 큰 문제가 생길 수 있 어요. 그러니 부모님들이 정말 걱정하고 살펴야 할 것은 성 적이 아니라 친구들과의 관계에서 자녀가 우울해하거나 힘 들어하지 않는지입니다.

학교가 필요한 이유, 이해됐나요? 우리는 학교에서 지식과 관계를 배웁니다. 문명을 유지하고 발전시키고 더 나은 방향으로 가기 위해서 지식과 관계를 배우는 곳이 바로 학교입니다.

미래 교실의
모습은?

○

미래 교실에서는 스무 명 남짓의 학생들을
놓고 똑같은 수준으로 가르치는 데서 벗어
나 초개인화된 맞춤형 교육이 이루어질 것
입니다.

인공지능 시대에도 학교에 가야 하는 이유를 알았다면, 이제 미래 교실에서 우리는 무엇을 할 것인가, 미래 교실을 위해 무엇을 준비해야 하는가에 대해서 본격적으로 이야기해 보려 합니다.

여러분은 미래 교실을 생각하면 어떤 모습이 떠오르나요? 생산성을 높일 수 있는 온갖 기계 장치들로 가득 차 있는 모습이 먼저 떠오를 겁니다. 학생들이 로봇과 같이 수업을 하는 모습도 그려지고요.

2장에서 우리 인간이 유인원들 중에서 어떻게 유일하게 문명을 이루는 존재가 되었는가를 이야기하면서, 두 가지 지능 덕분이라고 했는데 기억하나요? 첫 번째는 생태적 지능입니다. 생태적 지능은 자연 세계를 잘 이해하고 활용, 응용할 수 있는 능력이에요. 침팬지도 생태적 지능이 있지만, 인간과는 수준이 다릅니다. 인류의 역사에는 만유인력의 법칙을 발견한 뉴턴도 있고, 전기를 개발한 에디슨Thomas Edison도 있고, 상대성 이론을 발견한 아인슈타인도 있었습니다. 그래서 이러한 물질 조건들을 만들어 낼 수 있었지요.

　하지만 그것만으로는 충분치 않다는 이야기도 했습니다. 생태적 지능만 있고, 다른 집단과 타자에 대한 공감, 배려, 협력을 할 수 있는 사회적 지능이 없다면 인간은 생태적 지능을 활용해 타자, 타 집단을 지배하려 들 것입니다. 그리고 그런 지배가 계속해서 이어졌다면 인간 문명은 생기자마자 파괴되었을지 모릅니다. 더 이상 문명을 지구상에서 볼 수 없었겠지요.

　하지만 인간은 그것을 통과했습니다. 물론 완벽하지는 않지요. 수많은 전쟁과 학살의 역사가 있었지만 어쨌든 어느 정도의 생태적 지능과 사회적 지능을 발휘해 지금 이 지구상에서 살고 있습니다. 그런데 이제 새로운 기술이 여는 새로운 세계가 펼쳐질 것입니다. 챗GPT로 대표되는 생성형

AI 기술이 발전할수록 인간의 생태적 지능은 더욱 확장될 것으로 전망됩니다. 미래 교실 또한 인간의 능력을 향상시키고 생산성을 높이는 여러 도구들로 들어차게 되겠지요.

지금 교실은 500년 전의 교실과 크게 다르지 않습니다. 칠판이 있고 선생님이 있고 학생들이 앉아 있어요. 노트북, 태블릿을 활용한다는 것 정도의 차이만 있을 뿐이지요. 하지만 미래 교실에서는 스무 명 남짓의 학생들을 놓고 똑같은 수준으로 가르치는 데서 벗어나 초개인화된 맞춤형 교육이 이루어질 것입니다.

여기에는 수많은 도구가 활용될 것이고, 인공지능은 그 첫 번째가 될 것입니다. 〈아이언맨〉의 자비스 같은 존재가 바로 곁에서 하나하나 여러분이 잘 모르는 것을 알려 주고, 문제를 해결할 수 있도록 도와주며, 맞춤형 피드백을 줄 것입니다. 우리 교실은 그렇게 변할 것이고, 수업도 재미있어질 겁니다.

챗GPT를 학교에서 쓰는 것이 맞느냐에 대한 논쟁이 벌어졌을 때 세계적 석학이자 언어학자인 노엄 촘스키Noam Chomsky는 이런 말을 했습니다. 학생들이 수업에서 무엇을 쓰든 간에 재미가 없고 의미가 없으면, 즉 지적으로 흥분시

● 앞으로는 챗GPT와 같은 대화형 인공지능을 시작으로
초개인화된 맞춤형 교육의 시대가 찾아올 것이다.

키지 못하면 결국에는 학생들은 딴생각을 하게 될 거라고요.

즉 학교에서 챗GPT를 쓰느냐 마느냐의 문제가 아니라, 어떻게 하면 교실의 학생들을 지적으로 자극하게 만들 것인가, 재밌게 만들고 흥분되게 만들고, 무엇인가를 생각하게 만들 것인가를 고민하라는 말씀이지요. 저는 이 말에 무척 동의합니다.

한 가지 분명한 것은 맞춤형으로, 개인에게 특화된 형식으로, 각 개인의 수준에 맞게 교육을 하는 그런 교실이 될 것이라는 사실입니다. 저는 이것이 바로 인간의 생태적 지능을 높이는 방식이라고 생각합니다. 미래 교실은 틀림없이 그러한 방향으로 가게 될 겁니다.

미래 교실에서 무엇을 배우고 가르쳐야 할까

○

우리 인류가 이렇게 성공하기까지 생태적
지능만이 아니라 사회적 지능이 중요하게
작용했듯, 우리 학생들이 배워야 할 것도
'공감'이라고 생각합니다.

그렇다면 우리가 미래 교실에서 가르치고 배워야 할 것은 무엇일까요? 우리 인류가 이렇게 성공하기까지 생태적 지능만이 아니라 사회적 지능이 중요하게 작용했듯, 우리 학생들이 배워야 할 것도 '공감'이라고 생각합니다.

이와 관련해서 아주 잘 확립된 이론이 한 가지 있습니다. 사회심리학 연구에 따르면 우리는 타인 혹은 타 집단을 평가할 때 두 가지 차원에서 평가한다고 합니다. 첫 번째는 '이 사람 혹은 이 집단이 얼마나 똑똑한가?' 하는 것입니다. 똑똑하고 능력이 있어야 자신을 도울 수 있을 테니까요. 하지

● 똑똑하고 따뜻한 사람은 어느 곳에서나 존경받는 사람이 된다.

만 그 유능함을 가지고 우리를 해치면 곤란하겠지요. 그래서 두 번째로 '이 사람 혹은 이 집단이 따뜻한가?'를 봅니다. 이 두 가지 축이 우리가 다른 사람을 대할 때 무의식적으로 세우는 안테나입니다.

우리 사회에서 유능하고 따뜻하다고 인식되는 사람은 존경받습니다. 무능하고 차갑다고 인식되는 사람은 경멸의 대상이 되고요. 무능하지만 따뜻한 사람은 연민의 대상이 되고, 유능하지만 차가운 사람은 시기의 대상이 됩니다.

여러분은 어떤 사람은 되고 싶은가요? 부모님, 선생님이라면 내 아이, 내 학생을 어떤 존재로 키우고 싶을까요? 유능하고 따뜻한 사람이 되고 싶을 것이고, 내 아이, 내 학생도 그런 사람이 되길 바라겠지요. 그렇다면 그 '따뜻함'을 계속 지향해야 합니다. 즉 진짜 성공의 두 번째 축은 '공감력'을 높이는 데 있다는 것이지요.

그래서 인간의 생태적 지능을 더 잘 발휘할 수 있게 만들어 주는 여러 도구를 활용할 수 있게 하는 것과 더불어 사회적 지능을 경험하고 배우고 활용할 수 있게 하는 작업도 미래 교실에서 꼭 이뤄져야 한다고 생각합니다.

공감력은 모든 인간이 태어날 때부터 갖고 있는 씨앗이지만 싹트려면 자극이 필요합니다. 그리고 어떤 자극을 받고 어떤 경험을 하느냐에 따라 다르게 발현됩니다. 실제로 많은 연구가 역지사지 능력이 개입과 교육, 체험 훈련을 통해 커질 수 있다는 것을 보여 줍니다. 따라서 우리는 공감을 가르치는 과정을 개발하고 실행할 필요가 있습니다. 공감을 가르칠 새로운 교육을 상상해야 하는 것이지요.

공감력을 키우는 가장 좋은 방법

○

많은 사람은 독서가 유능함을 준다고만 생각합니다. 하지만 독서는 공감력을 길러주는 가장 효과적인 수단입니다.

이 사회적 지능, '공감력'을 높이기 위해서는 어떻게 해야 할까요? 책을 많이 읽어야 합니다. 많은 사람은 독서가 유능함을 준다고만 생각합니다. 하지만 독서는 공감력을 길러 주는 가장 효과적인 수단입니다.

가령 소설을 읽는 독자의 경우에는 줄거리가 왜 이렇게 전개되고, 등장인물이 왜 이런 말과 행동을 하는지를 이해하려면, 정신적인 시공간 여행을 통해 그 배경에 들어가 등장인물의 입장에서 생각해야 합니다. 감정 이입을 넘어 역지사지를 해봐야 한다는 거지요. 그러면서 공감력이 향상되는 겁니다.

이는 연구를 통해 입증된 사실이기도 합니다. 참가자들에게 소설책을 주고 9일에 걸쳐서 매일 책의 9분의 1씩을 읽게 했습니다. 그리고 다음 날 아침마다 그들의 뇌를 관찰했습니다. 그러자 책을 읽는 9일 동안 '좌각회/연상회'라고 부르는 부분과 내측 전전두피질 간의 연결이 강해졌습니다.

좌각회/연상회는 글을 이해하고 공감하는 것과 관련된 뇌의 영역이고, 내측 전전두피질은 공감, 연민과 같은 사회적 정서 반응 및 기억력을 관장하는 부위입니다. 이 부위의 연결이 강해졌다는 것은 글을 이해하는 과정에서 타인의 생각, 감정, 지식 등을 타인의 관점에서 이해하는 능력이 향상되었다는 뜻입니다. 즉 인지적 공감력이 좋아진 것이지요.

더욱이 책을 다 읽고 난 후 한동안 체성감각피질과 후두엽에서의 연결 강도가 강하게 유지되는 것이 관찰되었다고 합니다. 이는 책 속 주인공과 같은 행동을 한 것처럼 그 활동 상황이 실제 뇌 속에서 일어났음을 뜻합니다. 그런 연결이 독서가 끝난 다음에도 지속된다니 놀랍지 않은가요?

조금 더 재미있는 실험도 있어요. 참가자들에게 책을 읽게 한 후 실험을 마치면서 연구자가 실수인 척하며 책상 위에 있던 볼펜 통을 떨어뜨립니다. 그리고는 참가자들이 바닥에 떨어진 펜을 줍는 것을 얼마나 도와주는지를 관찰했습니

● 책 읽기는 공감력을 길러 주는 가장 효과적인 수단이다.
심지어 뇌가 해부학적으로 변화하기도 한다.

다. 그랬더니 글을 읽는 동안 등장인물에 공감을 더 잘한 사람일수록 더 잘 도와준다는 사실이 밝혀졌어요.

최근 뇌과학자들은 경험과 학습에 따라 뇌가 많이 변할 수 있다는 사실에 놀라고 있어요. 이를 어려운 말로 '뇌의 가소성'이라고 하는데, 우리가 뇌를 어떻게 쓰고 어떤 생각을 하느냐에 따라 뇌가 해부학적으로 변화할 수 있다는 것입니다. 독서는 인지적, 정서적 뇌를 모두 변화시킬 수 있는 원천이에요. 그러므로 성장하려면 책 읽기를 멈춰서는 안 됩니다.

인공지능
시대의
독서

○

문제를 진짜로 해결하기 위해 필요한 건설
적이고 창의적인 아이디어들은 느린 인지
과정을 통해 나옵니다. 이러한 사실을 받아
들이는 사람들에게 독서는 '필살기'입니다.

독서에 관한 이야기를 할 때마다 가장 자주 듣는 질문이 '왜 굳이 책이어야 하는가?'라는 것입니다. 인터넷과 디지털 영상매체가 넘쳐나는 시대에 굳이 책을 읽어야 하느냐는 물음이겠지요.

현대인들은 정보의 홍수 속에서 방황하고 있습니다. 어제의 최신 정보가 오늘의 구식 정보가 되고, 그 속도를 따라가기가 벅차 우리는 거대한 디지털 텍스트 앞에 주저앉아 버립니다. 똑똑한 학생들에게 무언가를 탐구할 기회를 주었을 때, 그들이 먼저 하는 일은 네이버, 구글, 유튜브의 검색창을 여는 일입니다. 그다음에는 인터넷에서 찾은 정보를 정리해옵니다. 더 깊은 사고와 논증을 위해 서가로 향하는 학생을 만나기란 점점 더 어려워지고 있지요.

정보를 검색하며 한 번에 여러 일을 동시에 하는 멀티태스 킹은 디지털 시대의 특징이 되었고, 그로 인해 우리는 너무 산만해졌습니다. 정보를 검색하는 능력은 화려해졌지만, 사 고력은 오히려 감소했지요. 그런데 AI를 잘 활용하려고 해도 질문을 잘해야 합니다. '질문력'이 중요하다는 이야기인데, 내가 지금 정말 알고 싶은 게 무엇인지 알려면 결국에는 '사 고력'이 관건이지요.

문제를 진짜로 해결하기 위해 필요한 건설적이고 창의적 인 아이디어들은 느린 인지 과정을 통해 나옵니다. 이러한 사실을 받아들이는 사람들에게 독서는 '필살기'입니다. 책은 느린 생각에 최적화된 매체이기 때문이지요. 인간의 뇌는 깊 이 생각하고 다르게 생각하며 새롭게 보는 작업을 즉각적으 로 처리하지 못해요. 왜냐하면 이런 것들은 뇌의 전전두피질 에서 일어나는데, 여기에 많은 에너지와 시간이 소모되거든 요. 중요한 건 바로 독서가 이 느린 생각을 가장 효과적으로 만들어 내는 행위라는 사실입니다. 책을 제대로 읽어 내려면 느리게 생각할 수밖에 없어요.

- 정보량은 많아졌지만 우리의 사고력은 오히려 감소했다. 독서는 깊이 생각하고 다르게 생각하며 새롭게 보는, 사고력을 높이는 행위이다.

게다가 영화나 TV를 보며 몰입할 때 우리의 뇌는 주로 시각 피질만을 활용합니다. 하지만 책을 읽으며 몰입할 때는 뇌 전체가 활성화되고 활용됩니다. 뇌 전체가 상호작용하는 사람들은 남들이 보지 못한 면을 보고 기존에 연결하지 않았던 지식을 연결할 수 있는 창의적인 인재라 할 수 있는 것이지요. 책은 이러한 유능함과 함께 공감력, 그러니까 사회적 지능도 길러 주는 가장 효과적인 수단입니다.

미래 교실에서도 아마 책은 결코 없어지지 않을 것입니다. 오히려 책을 잘 읽고 적용하고 성찰하는 친구들이 더 인정받고 성공하게 될 것입니다. 우리 인류가 문명을 이룰 수 있었던 성공 요인이 생태적 지능과 사회적 지능 덕분이듯, 우리의 미래 교실이 나아가야 할 방향에 대한 해답도 거기에 있을 것이라는 게 저의 생각입니다.

미래 교실에서는 인공지능을 비롯해 유능함을 높여 주는 여러 장치들을 활용해 학생들이 더욱 똑똑해지고 문제를 해결하는 능력이 높아질 것입니다. 그러한 기술을 어떻게 사용할지 그 방법을 잘 알려 주는 것도 중요하겠지만 동시에 높아진 생태적 지능, 그 놀라운 유능함이 사회를 더욱 건설적으로 만들어 가는 데 쓰이고, 타자와 협업하고 공존을 모색하는 데 쓰일 수 있도록 공감력을 길러 주어야 합니다. 저는 이것이야말로 우리 문명이 앞으로도 살아남아 발전해 갈 방법이라고 생각합니다. 즉, 미래 교실에서는 생태적 지능과 사회적 지능을 동시에 높여 주는 그런 교육을 해야 합니다. 이것이 청소년과 여러분의 부모님, 선생님들에게 제가 드리고 싶은 가장 중요한 교훈입니다.

똑똑하고 따뜻하게!

우리 사피엔스가 독보적으로 성공적인 발자취를 남길 수 있었던 비밀은 유능함과 다정함이었습니다. 이런 성공의 궤적은 오늘도 계속되고 있습니다. 인공지능은 유능함의 새로운 도구이며 다정함의 위험한 씨앗입니다. 인공지능이 인류만큼이나 다정해질 수 있다면 그들은 분명 사피엔스 문명이 아닌 새로운 문명의 창시자가 될 수도 있을 것입니다. 그러기 전에 기계는 우리 신체(몸과 뇌)와 더 자연스럽게 융합될 것이며, 그로 인해 인류는 점점 더 강화된 사피엔스로 진화하게 될 것입니다.

이러한 기술 진화로 인해 사피엔스는 틀림없이 점점 더 똑똑해질 것입니다. 그리고 챗GPT 같은 혁신적 기술들은 앞으로도 계속 나올 것입니다. 하지만 그런 혁신으로 인해 더 똑똑해진다고 해서 우리가 자동으로 더 따뜻한 존재로 변하는 것은 아니라는 사실을 명심해야 합니다. 그래서 유능함의 진화 속도를 다정함이 따라가지 못한다면 문명의 균형이 깨지고 붕괴로 이어질 수도 있습니다. 다르게 표현하면, 유능함의 격차를 다정함으로 줄여 주지 못한다면 개인 간 갈등과 집단 간 갈등은 지금보다 훨씬 더 심화될 수 있습니다.

가령, 인공지능이나 사이보그 기술이 너무 비싸거나 특정 집단에게만 적용될 때 기존의 양극화는 더욱 강화될 것이고 인류의 문명은 더 위태로워질 것입니다. 따뜻함, 즉 다정함은 이 양극화 문제를 구원할 유일한 힘입니다. 따라서 우리 학교들에서는 유능함 향상을 위한 수업만큼이나 다정함을 배우고 경험할 수업이 있어야 합니다. 다정함(친절, 공감, 배려, 협력)을 가르치지 않는 학교는 반쪽짜리 학교입니다.

자, 이제 마지막으로 여러분 개인에 대한 이야기를 해 봅시다. 여러분은 친구들에게 인기도 있고, 인정도 받으며, 똑똑한 사람으로 성장하고 싶은가요? 주변 친구들이 여러분을 진심으로 존중해 주고 좋아해 주면 얼마나 좋겠습니까? 이 책을 찬찬히 읽은 분이라면 그 해답을 이미 알고 있을 것입니다. 존경받으려면 똑똑한 사람이 되게끔 열심히 공부하세요. 그리고 따뜻한 사람이 될 수 있도록 공감력을 배우고 기르세요. 똑똑하고 따뜻한 개인은 누구에게나 어느 집단에서나 존경받고 사랑받습니다. 이 두 속성이 인류가 성공할 수 있었던 비법이었고, 앞으로도 문명을 지속할 힘이며, 여러분을 추앙받는 개인으로 만들어 주는 원리입니다.

자, 'ㄸㄸㄸㄸ!'(똑똑하고 따뜻하게!)

참고문헌

1장

박태웅 저, 《박태웅의 AI 강의》, 2023, 한빛비즈

임창환 저, 《뇌를 바꾼 공학, 공학을 바꾼 뇌》, 2023, MID 엠아이디

홍성욱 저, 《포스트휴먼 오디세이》, 2019, 휴머니스트

신상규 등 저, 《포스트휴먼이 몰려온다》, 2020, 아카넷

2장

장대익 저, 《울트라 소셜》, 2017, 휴머니스트

장대익 저, 《사회성이 고민입니다》, 2019, 휴머니스트

3장

에릭 브린욜프슨·엔드루 맥아피 저, 이한음 역, 《제2의 기계 시대》, 2014, 청림출판

제리 카플란 저, 신동숙 역, 《인간은 필요없다》, 2023, 한스미디어

구본권 저, 《로봇 시대, 인간의 일》, 2020, 어크로스

박상현 등 저, 《포스트 챗GPT》, 2023, 한빛비즈

4장

장대익 저, 《공감의 반경》, 2022, 바다출판사

자밀 자키 저, 정지인 역, 《공감은 지능이다》, 2021, 심심

매리언 울프 저, 전병근 역, 《다시, 책으로》, 2019, 어크로스

하정우·한상기 저, 《AI 전쟁》, 2023, 한빛비즈

다정한 인공지능을
만나다

1판 1쇄 인쇄 2023년 9월 1일
1판 1쇄 발행 2023년 9월 8일

지은이 장대익
펴낸이 김성구

책임편집 이은주
콘텐츠본부 고혁 조은아 김초록 김지용
디자인 이영민
마케팅부 송영우 어찬 김지희 김하은
관리 김지원 안웅기

펴낸곳 ㈜샘터사
등록 2001년 10월 15일 제1-2923호
주소 서울시 종로구 창경궁로35길 26 2층 (03076)
전화 02-763-8965(콘텐츠본부) 02-763-8966(마케팅부)
팩스 02-3672-1873 이메일 book@isamtoh.com 홈페이지 www.isamtoh.com

ISBN 978-89-464-2256-8 04080
ISBN 978-89-464-1885-1 04080(세트)

값은 뒤표지에 있습니다.
잘못 만들어진 책은 구입처에서 교환해 드립니다.